Mystischer Wienerwald

Robert Bouchal · Wolfgang Kalchhauser

Sagen · Geschichten · Authentische Fälle

PICHLER
EDITION WIEN

ISBN 3-85431-189-3

Pichler Verlag im Internet: www.pichler.co.at

Fotos: Robert Bouchal
Umschlag- und Buchgestaltung: Bruno Wegscheider
Reproduktion: Krammer, Linz
Druck und Bindung: Elbemühl, Wien
Printed in Austria

Inhalt

Der 4. November 1884 schien für einen kleinen Trupp von Bauarbeitern in Mödling routinemäßig zu verlaufen. Über Auftrag des Bürgermeisters Josef Schöffel hatten sie sich in den etwas höher gelegenen Teil des Ortes begeben, um mit Renovierungsarbeiten an dem alten Karner der angrenzenden Kirche St. Othmar zu beginnen. Aus ihrer Jugendzeit wußten die Arbeiter zwar, daß sich so manche Legende um dieses mittelalterliche Mauerwerk rankte.

Über Jahrhunderte soll der Tod ein ständiger Mitbewohner im Kirchenviertel gewesen sein – so hatte man ihnen als Kinder erzählt. Wie sehr sich jeder einzelne damit auseinandersetzte, wurde nicht weiter erörtert – zu groß war die Gefahr, sich mit der eigenen Meinung dem Spott der anderen auszusetzen. Also sprach man lieber gar nicht über das Gehörte und wenn doch, dann in einer pietätlosen Art mit derben, makabren Späßen.

Ein Bauwerk als historisches Rätsel: der Karner der Kirche St. Othmar

Als sie kurze Zeit später zu dem baufälligen Sakralbau kamen und ihn näher begutachteten, waren sie von seiner eigenwilligen Bauform fasziniert. Der Rundbau mit seiner roh behauenen Quaderung, die harmonische Verbindung der acht gleichmäßig angeordneten, zierlichen Lisenensäulen mit den Blattkapitellen entfachte in den einfachen Leuten Ehrfurcht und Bewunderung. Wer mochte einen solch aufwendigen Bau in Auftrag gegeben haben? Ein geistlicher Würdenträger aus jener Zeit? Die Babenberger, mit denen man die Anfänge von Mödling so gerne in Verbindung brachte? Oder waren es jene geheimnisvollen Ritter mit dem Kreuz, von denen die alten Leute unten im Ort immer erzählt hatten? Strenggenommen konnten diese Fragen den Bauarbeitern gleichgültig sein – ihr Auftrag war es, die notwendigen Restaurierungen durchzuführen und sich nicht über mittelalterliche Kirchen- und Architekturgeschichte den Kopf zu zerbrechen. Ein eigenartiges Gefühl, eine Mischung aus Angespanntheit und Erwartung, begleitete sie dennoch.

Beim Betreten des dunklen Innenraumes schlug ihnen feuchte, kaltmodrige Luft entgegen, und während sie zur unteren Ebene der Apsis stiegen, war ihnen, als würden die steinernen Fratzen an den Säulen jede ihrer Bewegungen beobachten. Fresken, in Manier der Roma-

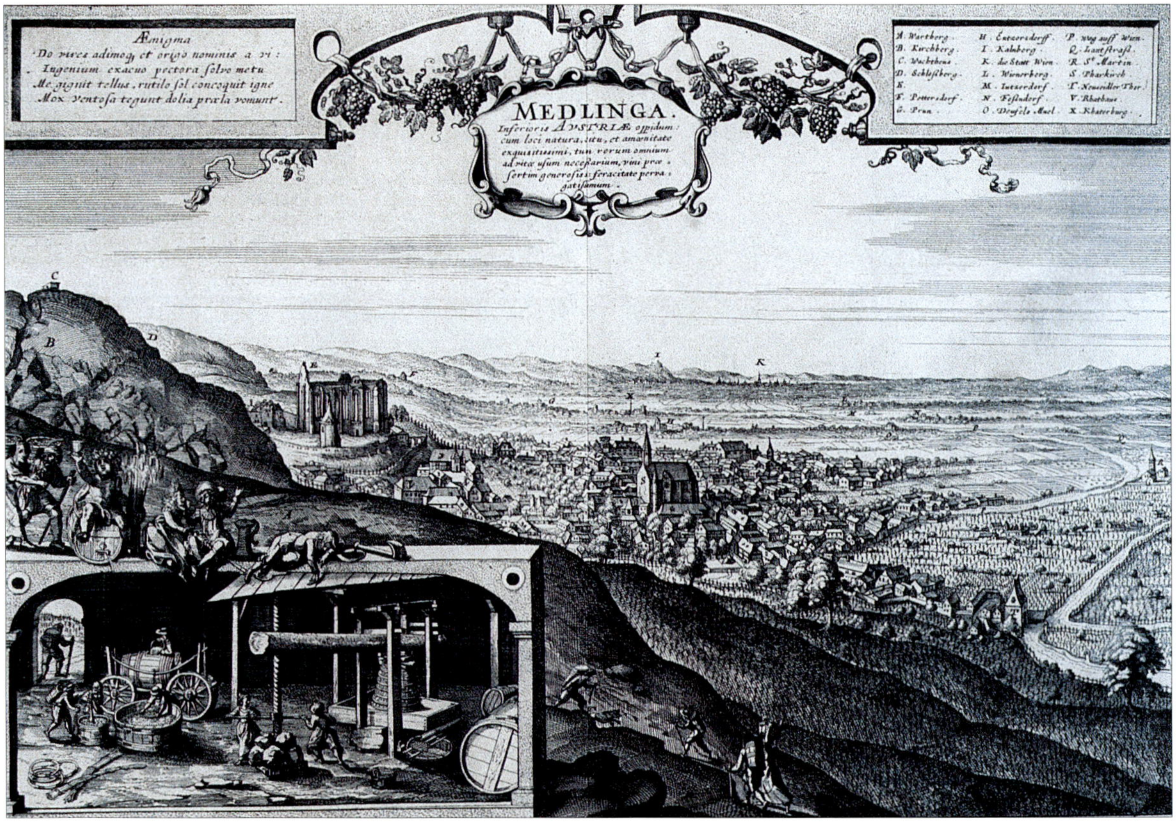

Ansicht von Mödling („Medlinga") aus der Mitte des 17. Jahrhunderts nach einer Vorlage von Matthäus Merian, erschienen in „Germania superior", Teil 2, Amsterdam 1657, herausgegeben von Johannes Janssonius

nik mit roten Linien vorgezeichnet, die Figuren mit kräftigen Farben ausgemalt, schauten ihnen wie aus einer fernen Welt entgegen, fremdländisch, verzaubernd und doch distanziert. Nachdem die Männer ihre mitgebrachten Handlampen entzündet hatten, um das Kellergewölbe weiter inspizieren zu können, bemerkten sie im flackernden Licht ihrer Karbidleuchten, daß der Boden, auf dem sie standen, tiefe Risse und Spalten aufwies. Als sie den Bauschaden näher betrachteten, stockte ihnen der Atem: Tief unter ihnen lagen unzählige menschliche Knochen, mumifizierte, teilweise mit Kleiderresten und Schuhen bedeckte menschliche Leiber, ganze Wäschebündel, Gebetbücher, Kreuze, alles wirr durcheinandergeworfen. Die einfachen Handwerker, die bis zu diesem Zeitpunkt mit der Situation noch einigermaßen zurechtgekommen waren, verließen daraufhin überstürzt das unheimliche Grabgewölbe, und

Ein kaum beachtetes Mahnmal am Seitenschiff der St. Othmarkirche: die eisenbeschlagene Kirchentür mit den noch sichtbaren Einhieben von türkischen Kriegsäxten

schon kurze Zeit später fand sich eine Kommission bei dem mittelalterlichen Gebäude ein, um der Sache auf den Grund zu gehen. Was nun zu Tage kam, kann man wahrlich als „Bilderbuch“ zur ostösterreichischen Geschichte bezeichnen: Jene Skeletteile, die von den Arbeitern in unmittelbarer Nähe des Fußbodens gefunden wurden, stammten von einem Massaker aus den Tagen der Zweiten Türkenbelagerung. Bei den Toten handelte es sich um die Opfer türkischer Streifscharen, die am 13. Juli 1683 zahlreiche Menschen aus der St. Othmarkirche gezerrt und bestialisch ermordet hatten. Die Leichen waren am Kirchenplatz liegengelassen worden und wurden erst einige Wochen später von den zurückkehrenden Mitbürgern in den Karner geworfen. Nach Aussage eines Mödlinger Stadtvertreters hatte diese Schicht, in der die Toten lagen, eine Mächtigkeit von zwei Klaftern (3,80 m). Aber noch waren die grauenhaften „Räumarbeiten“ nicht zu Ende. Als man bereits glaubte, die Fundamentdecke erreicht zu haben, stieß man nach Durchbruch einer graugelben Lehmschicht auf ein weiteres Massengrab – diesmal waren es die sterblichen Überreste der Bauern und Bürger, die sich im Jahre 1252 vor magyarischen Reitern hierher geflüchtet hatten, entdeckt und an Ort und Stelle erschlagen worden waren. Bei den teilweise zu Staub zerfallenen Gebeinen lagen Tonkrüge, verfaultes Holzgeschirr und vor allem Unmengen von Kleidungsresten. Die Mächtigkeit dieser zweiten Knochenanhäufung hatte noch einmal eine Dichte von eineinhalb Klaftern (2,85 m), wobei in unmittelbarer Nähe des Lehmkonglomerates mehrere Bestattungen entdeckt wurden, die eindeutig dem geistlichen Stande zuzurechnen waren. Gewänder aus schwerem Brokat wurden sichtbar, zusammengehalten von Lederriemen und reichgeschmückten Bändern – eine seltsame mystisch-geheimnisvolle Aura umgab diese Toten. Und noch etwas fiel auf: Auf den einst hellen Ordensgewändern zeichnete sich das Zeichen des achteckigen Kreuzes

Das Relief über dem Eingang zum Karner zeigt eine Jagdszene, bei der ein Hirsch von drei Hunden angesprungen und von einem Pferd mit Reiter verfolgt wird. Einst befand sich zwischen Pferd und Hirsch ein stilisierter Baum. Das Relief hatte wahrscheinlich symbolischen Charakter. Rechte Seite: das Karnerportal, über dem Eingang die Relieftafel

ab. Bei den Verantwortlichen, die die Freilegung der Krypta ständig im Auge behielten, machte sich Unsicherheit bemerkbar. Sollten die alten Sagen über die Ritter mit dem Kreuz auf Wahrheit beruhen? Waren die ersten Erbauer der romanischen Marienkirche und des Karners vielleicht wirklich Ordensleute gewesen, die den Tempelrittern angehört hatten? Konnte es möglich sein, daß hier, fast 13 Meter unter der Empore, jene letzten Ritter Christi vom Salomonischen Tempel bestattet wurden, nachdem ihr Orden im Gefolge von Intrigen und Verleumdungen verfolgt und schließlich aufgelöst worden war? Ungeklärte Fragen bis in unsere Gegenwart!

Aber beginnen wir vielleicht mit einer ersten wichtigen Frage – wer waren die Templer? Um dieser Frage genauer auf den Grund gehen zu können, bedarf es eines Blicks in die Zeit der Kreuzzüge. Über ein Jahr lang hatten sich die christlichen Ritter im Zeichen des Kreuzes nach Süden über Konstantinopel, Nikäa und Antiochia bis nach Jerusalem vorgekämpft, ehe sie am 5. Juli 1099 vor den Toren der Heiligen Stadt standen, die von moslemischen Truppen,

Ein Bilddokument, das zwei Bauzeiten sichtbar macht: Das untere, dunkle Mauerwerk beweist eine Errichtung vor dem 12. Jahrhundert, während der obere Bereich eindeutig jüngeren Datums ist.

den „Sarazenen" (mittelalterliche Bezeichnung für alle Mohammedaner), gehalten wurde. Raimund von Toulouse mit seinen Rittern aus Südfrankreich war der erste, der einen Angriffsturm in Stellung bringen konnte, doch infolge des feindlichen Pfeilhagels war es ihm unmöglich, auf dem Mauerkranz, der Jerusalem umgab, Fuß zu fassen. Erst Gottfried von Bouillon aus Flandern gelang es, nach verlustreichen Kämpfen, eine Bresche in die Abwehr der Sarazenen zu schlagen und den Kreuzrittern den Weg in die Stadt zu ermöglichen. Was nun folgte, war eines der größten Massaker im Namen der Kirche: Frauen, Kinder und Männer wurden von den im Namen des Papstes kämpfenden Rittern verfolgt, gequält und erschlagen. Den toten Sarazenen wurden die Gedärme aus dem Leib gerissen, um nachzusehen, ob sie hier vielleicht Edelsteine oder Gold versteckt hätten. In einem Brief an Papst Innozenz III. finden wir die Worte: „... unsere Männer waten bis zu den Knien im unreinen Blut der Sarazenen ...".

... wenn sie freiwillig aus ihrer verbarrikadierten Kirche kommen würden, wären sie ihres Lebens sicher, versprachen die Türken den verängstigten Mödlingern ...

Es gab nur wenige unter den Kreuzrittern, die sich mit Abscheu von diesen Grausamkeiten abwandten. Hugo de Payens, ein 19jähriger französischer Adeliger, war einer von ihnen. Er war entsetzt über so viel Gier und Haß in der menschlichen Natur und erkannte, welches Leid die fortdauernden Kampfhandlungen über die Bevölkerung noch bringen würden. Nach Frankreich zurückgekehrt, beschloß Hugo de Payens im Jahre 1118 mit einigen Rittern des Hochadels und unter dem Einfluß der Zisterzienser, einen eigenen Orden zu gründen, dessen wichtigste Aufgabe der Schutz der Pilger war. Die übrigen Gelübde wie Keuschheit und Armut verstanden sich von selbst. Um ihrem Auftrage auch gerecht zu werden, wählten die adeligen Herren – nachdem sie nach Jerusalem zurückgekehrt waren – die Räumlichkeiten der Al-Aqsa-Moschee, die der Legende nach auf den Grundmauern des alten Salomonischen Tempels (Templum Salomonis) errichtet worden war, zu ihrem Hauptsitz. Ihr Ordensname lautete daher

Eine Ähnlichkeit der Bauelemente ist unübersehbar: Templerkirche in Segovia, Vera Cruz, geweiht 1208.

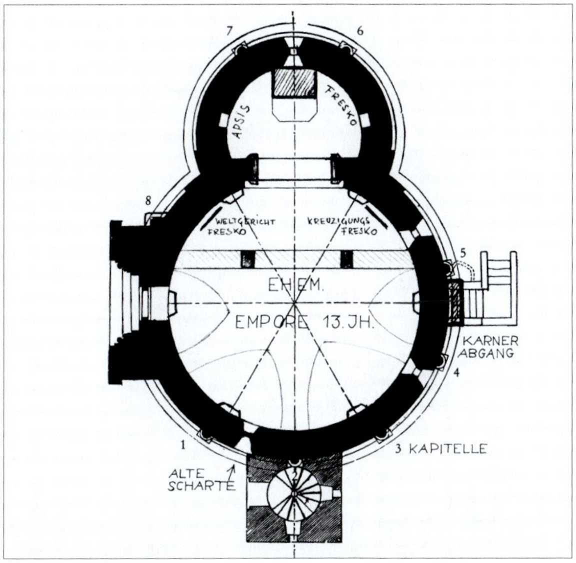

Das Fresko in der Halbkugel der Apsis wurde 1856 vom Freiherrn von Sacken unter einer Kalkschicht entdeckt. In der Mitte thront Maria mit dem Jesuskind auf dem Arm, dessen Segnungsgebärde (Daumen zur Handfläche gelegt) an byzantinische Darstellungen erinnert.
Oben: Grundriß des Karners mit den acht Lisenensäulen

„Arme Ritter Christi vom Salomonischen Tempel“ oder vereinfacht „Templer“. Über die Tätigkeit dieser kleinen Ritterschar in den Anfangsjahren des Ordenss ist kaum etwas bekannt.

Spekulationen nach soll Hugo de Payens mit seinen Gefährten auf dem Tempelberg nach dem höchsten Heiligtum Salomons gesucht haben – der Bundeslade.

Wie auch immer – wo die Legionäre Gottes in ihren weißen Mänteln mit dem roten achteckigen Kreuz erschienen, lag ihnen bald die Welt zu Füßen. Es ist daher auch verständlich, daß der Orden ungeahnten Zulauf bekam.

Die jungen Adeligen brachten aber nicht nur neue Kampfkraft in die Bruderschaft, sie brachten vor allem Besitz. So war es auch nicht verwunderlich, daß die Templer innerhalb weniger Jahre über umfangreiche Ländereien in der damals bekannten Welt verfügten. Hugo de Payens Ritter überwachten von nun an nicht nur die Pilgerstraßen im Heiligen Land, sondern sie kontrollierten auch – als Großkaufleute im heutigen Sinn – durch die Verflechtung ihrer Besitztümer den Handel in weiten Teilen Europas. Mit dieser wachsenden Machtentfaltung und dem damit verbundenen Reichtum kamen weder der damalige Klerus noch die alteingesessenen Königshäuser zu Rande. Allen voran der französische König Philipp IV. Ohne den damaligen Papst Clemens V. auch nur zu informieren, dem die Templer ja direkt unterstellt waren, erließ

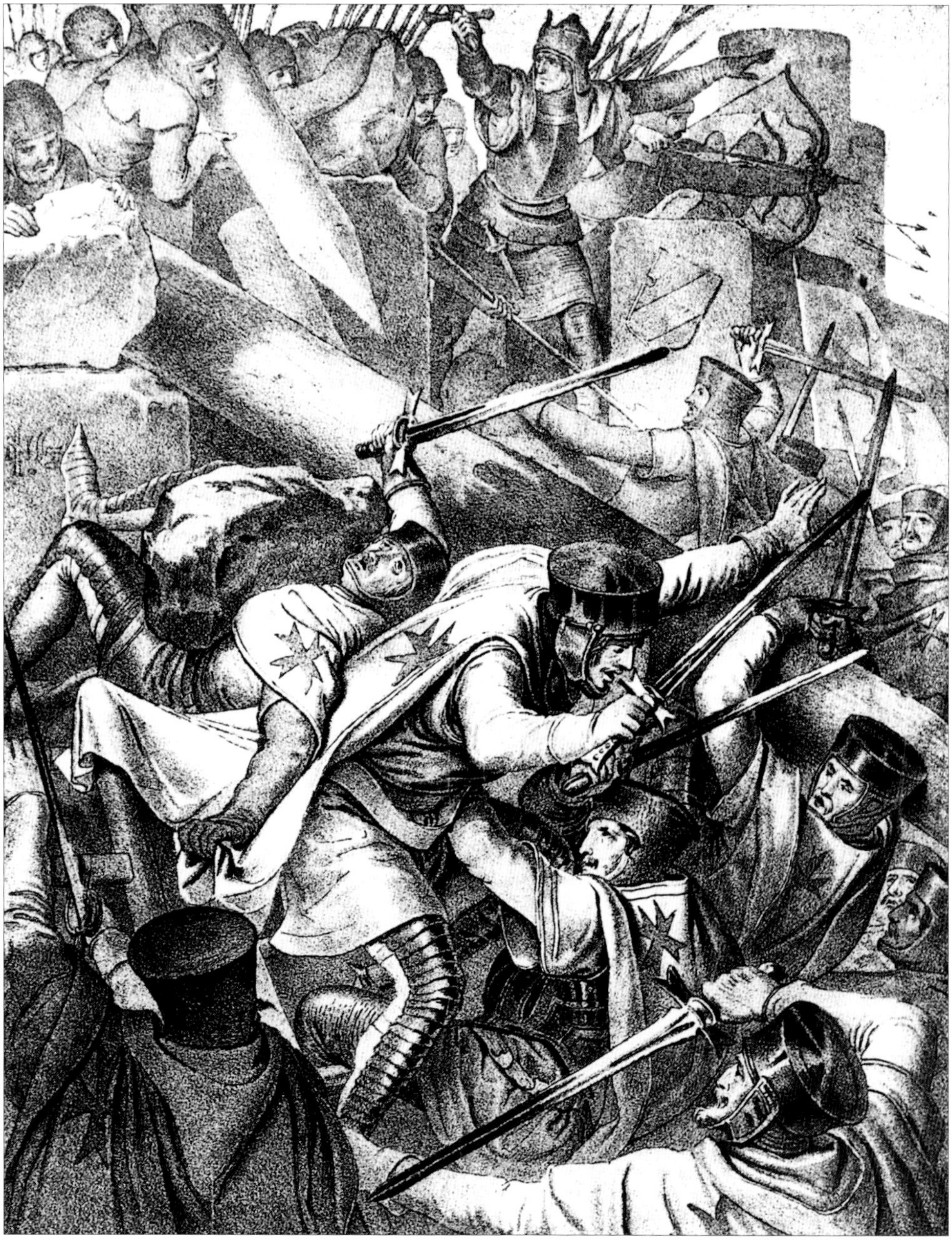

Templerschlacht. Stich aus Anton Ziegler, „Vaterländische Immortellen aus dem Gebiete der österreichischen Geschichte“, Wien 1838.

DER VOGEL UDL

Als seinerzeit die Nachricht vom herandrohenden Anmarsch der Türken und vom bevorstehenden Krieg Mödling erreichte, alle geregelte Arbeit zu ruhen begann und nur mehr das Dringlichste geschah, weil die Männer mehr denn je in den Schenken saßen, tranken und hitzig die hundertfältigen, sich oftmals widersprechenden Gerüchte, die täglich kamen und von Mund zu Mund flogen, erörterten und in Trotz und wundertätiger Zuversicht große Worte sprachen, prahlten und behaupteten, sie würden niemals von Scholle und Haus und dem erbersessenen Besitztum weichen, was immer sich auch ereignen sollte, war in den Nächten von den Hängen des Schloßberges her stets der heisere, rauhe Ruf eines Vogels zu hören. Unermüdlich kreischte das Tier, unheimlich und gespenstisch war sein Schrei und erfüllte die Menschen mit Bangen. Er rufe Krieg, Mord und Brand herbei, sagten die Leute und horchten, und trotz aller großen Worte am Tage gab es keinen, der es wagte, aus dem Hause zu gehen und den Spuk zu verscheuchen.

Eines Nachts dann tönte die Stimme des Vogels noch viel lauter und schrecklicher als sonst, drang hinab bis in den tiefsten Keller und hinein ins verborgenste Kämmerlein und raubte einem jeden den Schlaf. Angstvoll erwartete man den Morgen und wußte, daß er Schlimmes bringen würde. Und wirklich, da liefen auch schon in aller Früh Leute aus den Weingärten vor dem Markt atemlos durch die Gassen und schrien, sie hätten vor türkischen Reitern flüchten müssen, und einer, der vom Wartberg kam, berichtete keuchend, daß in der Ebene längst die Janitscharen in Menge heranzogen. Nun rafften die Menschen in Hast und äußerster Verwirrung alles an Waffen und Hausrat zusammen, was ihnen eben in die Hände fiel, flohen zum Kirchberg hinauf und füllten die Unterkirche von Sankt Othmar und das Gewölbe unter der Pantaleonskapelle, bis diese zum Ersticken voll waren, mit Weibern, Kindern und Greisen, während die Männer die wehrhaften Mauern rund um den dortigen Friedhof besetzten, um hier dem Feind entgegenzutreten. Kaum eine Stunde später kundeten die Späher am Turm der Kirche bereits von einzelnen Reitern, die durch die verlassenen Tore in den Ort eindrangen; und nach einiger Zeit waren dann schon alle Kundschafter der Türken zu sehen, wie sie lauerten und lugten und wieder verschwanden. Nach schier endlosem, fürchterlichem Warten war es schließlich soweit. Ein riesiges Heer von feindlichem Fußvolk strömte in die Gassen und umstellte allmählich in lückenlosem Ring den Kirchhof. Jetzt wußten die Männer hinter den Friedhofsmauern, was bevorstand, und sie faßten ihre Waffen noch fester in die harten Fäuste und erwarteten starrnackig und mit verbissenem Haß den Ansturm. Dieser aber brach noch nicht los, sondern zum allgemeinen Erstaunen traten Unterhändler mit flatterndem weißem Tuch heran. Sie forderten lediglich die Übergabe des Platzes gegen freien Abzug aller Bewohner und bei vollkommener Schonung des Eigentums. Das war natürlich für diejenigen, die schon an den Untergang geglaubt hatten, eine unerwartete Gunst des Schicksals. Sie willigten gleich nach kurzer Beratung ein, lösten die Kette der Verteidiger, räumten die Mauern und das Kirchhoftor und eilten, ihren Abzug zu ordnen. Als sie aber gerade dabei waren, ihren Frauen und Kindern in den schützenden Gewölben die Botschaft klarzumachen, da brachen die teuflischen Heiden plötzlich durch das Tor, kletterten über die Mauern und stürzten sich heulend in großer Überzahl auf die zerstreuten und überraschten Bürger von Mödling. Ein verzweifelter, kurzer und aussichtsloser Kampf begann. Die Männer wehrten sich wie umstellte Eber, erbittert und wütend, und selbst die Sterbenden würgten noch mit letzter übermenschlicher Kraft die Gegner und rannten ihnen im Fallen die Winzermesser in die Leiber. In wenigen Minuten aber war alles zu Ende, und der Feind erzwang sich den Eingang in die Kellergewölbe, mordete und erschlug, was sich ihm entgegenstellte oder was alt, krank oder verwundet war, trieb hierauf mit geschultem Blick, Fäusten und Säbelhieben alle Männer, Weiber und Kinder, die ihnen brauchbar erschienen, wie Herdenvieh auf einen Haufen zusammen und führte sie weg in die Gefangenschaft. Und während Wehgeschrei und tausendfache Klagerufe die Luft erfüllten, steckten die Türken Sankt Othmar in Brand, und bald loderten mächtige Flammen aus dem Dachgebälk der Kirche.

Als es dann Abend wurde und dieser traurige Tag sein Ende fand, sahen die wenigen Überlebenden, die sich hatten retten können, im trüben Schein der zusammengesunkenen Brandstätte den riesenhaften Schatten eines Vogels über dem verwüsteten, öden Markt kreisen und dann, den gegen Norden abziehenden Feinden folgend, langsam im Nebel verschwinden.

Es wird berichtet, daß jener gespenstische Vogel, der den Mödlingern damals diesen verhängnisvollen Tag angekündigt hatte und dem in den alten Schriften der seltsame Name Udl gegeben wird, wieder zurückgekehrt sei und noch heute auf dem Schloßberg bei Mödling hause. Niemand vermochte ihn bisher von dort zu vertreiben, auch fand sich bis jetzt noch keiner, der den Mut gehabt hätte, ihn gar zu töten, zu groß ist die Furcht vor ihm. Schreit er in der Nacht, so verkündet sein heiseres Gekreische nach wie von Unheil, Krieg und Hunger, Krankheit und Tod. Und das ist wahr.

Aus: Sagen, Märchen, Schwänke und Geschichten aus Mödling und Umgebung. Gesammelt, bearbeitet, kommentiert und illustriert von Karlheinz Pilcz. 4. Bändchen. Mödling 1986

Philipp IV. ein Dekret mit dem ausdrücklichen Befehl, sämtliche Glaubensbrüder des Templerordens zu verhaften. Diesem willkürlichen Akt lag der Vorwurf zugrunde, die Ordensleute hätten sich der Häresie – der Ketzerei – schuldig gemacht. Außerdem warf Philipp IV. den Mönchsrittern vor, dem Dämon Baphomet, einem Idol aus der Unterwelt, dargestellt in Form eines häßlichen Kopfes mit Bockshörnern, zu huldigen. Papst Clemens V. war zwar über das eigenmächtige Handeln des französischen Königs empört, da aber Bertrand de Got, wie Clemens V. als ehemaliger Erzbischof von Bordeaux eigentlich hieß, einst nur mit der Unterstützung König Philipps Papst geworden war, ließ das nunmehrige kirchliche Oberhaupt seinen früheren Gönner frei gewähren.

Unter der Bürde seines Abhängigkeitsverhältnisses verfaßte der Pontifex am 21. November 1307 die Bulle Pastoralis Preeminentae. Darin wurde der französische König als echter Bewahrer des christlichen Glaubens beurkundet, die Tempelritter als heidnische Ketzer verurteilt und, sollte man ihrer habhaft werden, der heiligen Inquisition überantwortet. Unter dieser lateinischen Definition verstanden es die „Verkünder christlicher Glaubenslehre“, kritisch denkende, vom Dogma abweichende Zeitgenossen bis zum äußersten zu quälen und zu foltern, bis sie die ihnen zur Last gelegten Anschuldigungen zugaben oder sie frühzeitig vom Tod barmherzigerweise erlöst wurden.

Das alte Siegel der Templer, welches zwei Ritter auf einem Pferd zeigt, wird als Erinnerung an die ersten schweren Jahre des Ordens gedeutet.

Für den weltoffenen, kosmopolitisch orientierten Tempelorden begann sich damit ein fürchterliches Ende abzuzeichnen. Die Zentren ihrer Verfolgung lagen klarerweise in Frankreich, wo sie zu Hunderten in den Kerkern zusammengepfercht wurden und ihren Peinigern ausgeliefert waren. Aus mittelalterlichen Überlieferungen ist bekannt, daß die königlichen französischen Schergen ihre Füße einölten und sie so lange über das Feuer hielten, bis sie ein „Geständnis“ unterzeichneten. Auch an den Herzog von Österreich und Steiermark, Friedrich den Schönen, erging am 30. Dezember des Jahres 1308 ein Dekret der päpstlichen Nuntiatur mit der Aufforderung: „... die in seinen Gebieten weilenden Templer unverzüglich zu verhaften und den zuständigen Bischöfen

Templer auf dem Scheiterhaufen. Französische Buchmalerei, Illustration zur Weltchronik des Bernard Guy, 14. Jh.

zu übergeben ...“. Inwieweit Friedrich diesen „Papstbefehl“ in die Tat umgesetzt hat, wurde nicht vollständig überliefert. Erwiesen ist, daß einige Besitzungen in Österreich, die einst den verfolgten Rittern gehört hatten, von Herzog Friedrich an diverse Günstlinge willkürlich verschenkt wurden. Mittelalterliche Annalen berichten uns auch, daß einige Tempelritter zu anderen Orden – wie den Johannitern oder den Zisterziensern – übertraten oder, soweit dies noch möglich war, sich auf ihre einstigen Burgen zurückzogen. Über die einzelnen Schicksale in der Bruderschaft nach dem „Kirchenfluch“ geben die alten Aufzeichnungen keine Auskunft. Um so intensiver beschäftigte sich das einfache Volk mit den sagenhaften Gestalten im geistlichen Ornat und versuchte einzelne Burgen, aber vor allem auch Grabstätten den Templern zuzuordnen. Wie in jeder mittelalterlichen Vereinigung oder Glaubensgemeinschaft üblich, entwickelten natürlich auch die Ritter Christi vom Salomonischen Tempel ihre eigene Symbolsprache und Ikonographie. Bekannt war auch ihre besondere Vorliebe für oktogone Rundbauten, in Anlehnung an den achteckigen Felsendom von Jerusalem, der zur Zeit der Kreuzzüge zumindest als Nachbau des ursprünglichen Salomonischen Tempels galt. Wobei der gnostischen Zahl Acht eine besondere Bedeutung zukam. Pythagoras von Samos, der berühmte griechische Philosoph und Mathematiker, hatte diese Zahl im sechsten Jahrhundert v. Christi als die Zahl der Harmonie und Gerechtigkeit definiert. Betrachtet man nun einige Sakralbauten, deren Erbauung den Tempelherren zugeschrieben wird, so fällt auf, daß an allen polygonen Bauwerken die Zahl Acht vertreten ist. Erinnern wir uns zurück an die Bauform des Karners von Mödling: Acht gleichmäßig angeordnete Halbsäulen umspannen diesen Rundbau, ähnlich der Kapelle zu Metz im französischen Departement Moselle oder der kleinen Rund-kirche von Cambridge, die zu den wenigen sicheren Ordenskapellen, die noch erhalten sind, gehört. Ein weiteres Indiz für die Zahl Acht stellen die südlich ausgerichteten Säulenkapitelle unter dem Lilienfries dar. Abgesehen davon, daß einige von ihnen unbekannte, geheimnisvolle Kopfdarstellungen aufweisen, wurden die Grundformen einiger Kapitelle auch aus einem Achteck konstruiert.

Eine Besonderheit zeigt sich auch bei dem Fresko in der Halbkugel der Apsis. Dargestellt wird Maria mit dem Jesuskind auf dem Arm, etwas abseits der Heiligen Drei Könige, die ihre Gaben darbringen. Diese Art der Freskenmalerei wirkt allerdings befremdlich, sie erinnert eher an den orientalischen, byzantinischen Malstil. Bei näherer Betrachtung sehen wir dann tatsächlich, daß das Jesuskind die Heiligen Drei Könige mit der Gebärde der Ostkirche segnet, indem es bei der Segnung den Daumen an die Handfläche legt. Es ist daher anzunehmen, daß der Maler nicht dem heimischen Künstlerkreisen angehörte, sondern für seine Auftraggeber aus dem fernen Osten anreiste, um dieses Werk zu realisieren. Beachtet man nun all die unerklärlichen Details in der Geschichte der Krypta, sind Einflüsse aus dem Raum der Ostkirche nicht zu leugnen. Was uns diese Fakten und Hinweise aber auch immer über den Baustil und den kulturellen Alltag von damals vermitteln – das Rätsel um die Entstehung der alten Begräbnisstätte und die hier bestatteten Toten wird wohl für immer ungelöst bleiben.

Greif den Stein

Burg Greifenstein wird 1135 erstmals im Zuge eines Vertragsabschlusses zwischen dem Bischof von Passau und dem Babenbergerherzog und Markgrafen Leopold III. namentlich als Vertragsort genannt. Ihre Grundmauern dürften allerdings weitaus älteren Datums sein und auf die Herrschaftszeit Kaiser Ottos III. (996–1002) zurückgehen.

Als Standort wählte man geschickt einen besonderen Platz aus: jene Stelle, an der die Donau im spitzen Winkel auf die nördlichen Abhänge des Wienerwaldes trifft und die weite Ebene des Tullnerfeldes abriegelt.

Dieser Felsvorsprung, der bis zum Jahre 900 noch Hangintenstein, d. h. „hängender Fels“, genannt wurde und die alte Grenze zwischen der Bairischen Mark und den von den Ungarn kontrollierten Gebieten darstellte, war daher von größter strategischer Bedeutung. Die Burg selbst und die umliegenden Wald- und Ackerböden waren ursprünglich – wie anfänglich schon angedeutet – im Besitz der Bischöfe von Passau. Besitz bedeutet aber nicht immer nur Reichtum, Besitz kostet auch Geld. Dieses bekam der Klerus normalerweise von den „unfreien“ Bauern, die ihr Land bewirtschafteten und den sogenannten Zehent zu entrichten hatten. Das heißt, die Bauern mußten ein Zehntel ihrer Naturalgüter an die kirchlichen Gutsherren abliefern. Fiel jedoch die Ernte einmal schlecht aus oder zogen Kriegsknechte durch die Lande, waren auch die Säcke der Grundeigentümer leer. Aus diesem Grunde passierte es immer wieder, daß Burgen, Landstriche, ja ganze Dörfer mitsamt ihren Bewohnern verpfändet wurden.

Linke Seite: Haupttor der Burg Greifenstein. Am rechten Türrahmen deutlich zu erkennen: eines der Balkenlöcher

Für Burg Greifenstein kam dieser Tag am 20. April 1320: Pfandinhaber wurden Christian der Truchseß und seine Gattin Elsbeth; sie erhielten die Festung um 500 Mark lötiges Silber, wie aus einem spätmittelalterlichen Passauer Grund- und Hypothekenbuch (Maidhof Pass. Urbare I) hervorgeht. Für die Bauern, die nun dem neuen Herrn unterstellt waren, begann eine einigermaßen ruhige und aufbaufähige Zeit. Christian der Truchseß hatte viel Verständnis für die Anliegen seiner Untertanen. Zehn Jahre sollte dieses harmonische Zusammenleben zwischen Ritter- und Bauerntum währen. Als jedoch Christian der Truchseß im Jahre 1330 infolge eines Sturzes früh-

Eines der ältesten Grenzzeichen Österreichs: der „Hangintenstein“ nahe Greifenstein

zeitig verstarb, änderte sich dieses Verhältnis schlagartig. Wer sein Nachfolger als Burgherr gewesen ist, ist in keiner Urkunde genau überliefert. Auch ob die Burg als Pfand weitergegeben wurde oder ob sie im Zuge einer Eroberung in die Hände eines Söldnerführers gefallen ist, ist nicht hinlänglich bekannt.

Einer der neuen Herren auf Burg Greifenstein dürfte jedoch ein gewisser Geyhard von Wyenn gewesen sein, und dieser war das krasse Gegenstück zu seinem „ritterlichen“ Vorgänger Christian. Aus diesem Burggrafen könnte die Überlieferung jene geheimnisvolle Gestalt geformt haben, die im Reich der Mythen weiterlebte und die Sage vom Schwurstein begründete. Geyhard von Wyenn war ein überaus egoistischer und herrschsüchtiger Zeitgenosse. Wegen seiner übertriebenen Härte und Ungerechtigkeit war er überdies bei allen seinen Hörigen verhaßt und gefürchtet. Gegenüber Herzog

Hart am Wellenschlag der Donau: die Burg Greifenstein am Prallfelsen im nördlichen Wienerwald
Folgende Doppelseite: Die Burg des Fronauers lag damals in Eisdorf, einem heute verschwundenen Ort nahe der Donau. In den frühen Morgenstunden eines Jännertags im Jahre 1461 begannen die Vorbereitungen zum Sturmangriff auf die Burg.

Albrecht VI. und den Bischöfen von Passau aber spielte der Burgherr den fürsorglichen Gebieter. Geyhard nutzte außerdem jede Gelegenheit, um bei seinem Landesherrn vorstellig zu werden und Geschenke zu überbringen. Mit solchen Gaben verstand es der Despot, sich seiner Obrigkeit gefällig zu erweisen. Wagte es dennoch einer der Bauern, abends im Wirtshaus lauthals die Mißstände zu bekritteln, konnte er gewiß sein, sich nächsten Tages im Burgverlies wiederzufinden. Nur mittels Sonderabgaben war es den Familienangehörigen dann möglich, den Gefangenen aus seiner mißlichen Lage zu befreien. Gelang das nicht, versuchten die Handlanger Geyhards mittels verschiedener Druckmittel gegen die Leute vorzugehen. Da kam es schon manchmal vor, daß die herrschaftlichen Schergen ihre Pferde bei der Jagd durch die wogenden Kornfelder trieben oder daß im bäuerlichen Brunnenschacht eine verweste Katze

lag. Konnte der Zehent nicht auf den Tag genau abgeliefert werden, erklärte der selbstgefällige Greifensteiner das Gehöft oftmals für verlustig und übergab es einem Bauern, dessen hündische Unterwürfigkeit ihm dienlicher war.

Eines Tages, es war unmittelbar vor dem Weihnachtsfest und die Leute litten unter der fürchterlichen Kälte, bemerkten Geyhards Männer, wie einige Bauern aus dem nahen Höflein am Ufer der Donau Schwemmholz aufsammelten.

Diese vom Wasser ausgelaugten Holzstücke, kaum länger als die Elle eines Männerarmes, wurden schon seit Generationen von der Bevölkerung zum Verfeuern in ihren einfachen Behausungen verwendet.

Die Eiserne Jungfrau, ein gefürchtetes Strafwerkzeug des Mittelalters: eine große hohle Frauenfigur aus Eisen oder eisenbeschlagenem Holz, deren Vorderteil geöffnet werden konnte. Der Verurteilte wurde hineingestoßen, die Figur geschlossen, und die nach innen gerichteten eisernen Stacheln durchbohrten sofort den Delinquenten. Siehe auch Bild rechte Seite.

Dieses Recht hatten die Bauern seit Jahrhunderten inne. Es war herrenloses Treibgut, das von den Wellen des Stromes nach Überschwemmungen ans Land geworfen wurde und dessen Heizwert selbst nach dem Trocknen äußerst gering war. Für die Wächter des Greifensteiners aber war dies ein willkommener Anlaß, sich bei ihrem Herrn in vorauseilendem Gehorsam zu üben und ihm über das Gesehene zu berichten.

Geyhards Antwort ließ nicht lange auf sich warten. Voll Zorn über die „Frechheit" seiner armseligen Untertanen preschte er persönlich an der Spitze eines Reitertrupps nach Höflein, um der Leute habhaft zu werden und sie in Gewahrsam zu nehmen. So kam es, daß am Heiligen Abend des Jahres 1459 wieder einmal etliche Untertanen unschuldig im Verlies der Burg gefangengehalten wurden, während ihre Familien hungerten und so mancher vor Kälte sein Leben verlor.

Nicht einmal das eindringliche Flehen und Bitten der verhärmten Frauen, deren Männer im Turm gefangengehalten wurden, konnte das versteinerte Herz des Greifensteiners erweichen.

Zynisch meinte er nur: „Wenn eure Männer Zeit haben, um Holz zu stehlen, so will ich ihnen diese Zeit verkürzen. In meinen Wäldern gibt es dafür genug Arbeit!"

In ihrer Verzweiflung und in der Sorge um das Leben ihrer Männer wandten sich die von Geyhard so brüsk abgewiesenen Frauen an Herzog Albrecht VI. Dazu muß erwähnt werden, daß Herzog Albrecht der jüngere Bruder Kaiser Friedrichs III. war und mit diesem in

Sturm auf eine Burg: Mit Belagerungsgeschützen wurden die Mauern sturmreif geschossen.
Linke Seite: Söldner beim Abfeuern ihrer Hakenbüchsen. Aquarellierte Federzeichnung, um 1512

offener Kriegsfehde stand. Es war daher anzunehmen, daß sie beim Herzog ein offenes Ohr für ihr Anliegen finden würden. Beide Parteien kämpften mit gedungenen ungarischen und böhmischen Söldnern. Für Herzog Albrecht marodierte damals der berüchtigte Söldnerführer Gamaret Fronauer, ein Gegner, der den kaiserlichen Truppen mehr als ebenbürtig war. Die Burg Fronauers und seiner Freibeuter lag damals in der „Altenburger Freiheit" in Eisdorf, einem heute verschwundenen Ort in Donaunähe.

Burg Greifenstein und der Stützpunkt von Herzog Albrechts Freischärlern befanden sich somit in unmittelbarer Nachbarschaft

Romantische Ansicht: Burg Greifenstein auf einem Stich des 19. Jahrhunderts

zueinander, wenngleich diese Nachbarschaft auch nie von besonderer Zuneigung geprägt war. Als nun Herzog Albrecht VI. von den Greueltaten seines Widersachers erfuhr, befahl er – unter dem Vorwand der „Nächstenliebe" – den sofortigen Sturm auf Burg Greifenstein.

Lag mit seinem Bruder Albrecht VI. in offenem Krieg: Kaiser Friedrich III. Profilbildnis von Hans Burgkmair dem Älteren, nach einer Vorlage aus dem Jahre 1468

In den frühen Morgenstunden eines kalten Jännertages des Jahres 1461 begannen die Vorbereitungen zur Erstürmung der Festung. Am Fuße des Burgfelsens formierten sich bereits schwerbewaffnete Kriegsknechte, um ihre Setzschilde – sogenannte Pavesen – zum Schutz gegen den zu erwartenden Pfeilhagel in Stellung zu bringen. An den etwas höher gelegenen Hängen im Süden der Burganlage gingen Bogen- und Armbrustschützen in Stellung, während die Fußknechte versuchten, im Bereich des großen Tores ihre Sturmleitern zu postieren. Geyhard von Wyenn, der zu dieser Stunde von der Treppe im schmalen Burghof aus den Aufmarsch der gegnerischen Truppenteile beobachtet hatte, sah seine Männer mit angsterfüllten Augen an, griff nach dem Abschlußstein des Handlaufes der Freitreppe und schrie mit sich überschlagender Stimme: „So wahr ich hier stehe, ich schwöre euch, sollte nur ein einziger versuchen zu fliehen, er wird das morgige Tageslicht nicht mehr erblikken!" Kaum hatte er diese Worte gesprochen, schlugen bereits die ersten eisernen Armbrustbolzen gegen die Brüstung des Innenhofes, und vor dem Tor der Vorhalle begann der Kampflärm bedrohlich anzuschwellen. Die überhebliche Art des Greifensteiners war mit einem Schlage verschwunden, was übrigblieb, war ein jammerndes, fiebrig erregtes Häufchen Elend. Das Wams über den Kopf gezogen, eilte er mit langen Schritten in seine Kammer, öffnete hastig einen geheimen Verschlag hinter der Wandvertäfelung und entnahm ihm einen Lederbeutel, prall gefüllt mit Goldgulden.

Der wohl berühmteste Schwurstein Österreichs (links), rechts der ehemalige Zugang zu den Gemächern des Burgherrn. Rechte Seite: Goldgulden aus dem 15. Jahrhundert.

Hastig befestigte er den Beutelriemen an seinem Gürtel, zog sich grobgewebtes Leinen – so wie es das einfache Bauernvolk trug – über und stieg durch eine Falltüre in das darunterliegende Stübchen, das „der Algeyer" genannt wurde. Obwohl die Angst um das Leben seine Wahrnehmungsfähigkeit bereits beträchtlich eingeschränkt hatte, bemerkte er dennoch, wie das Getöse rund um ihn immer lauter wurde. Besonders das laute Prellen des Rammbockes, den die Angreifer am Burgtor verwendeten, versetzte ihn in einen Zustand, der dem Wahnsinn nicht unähnlich war. Für ihn stand jedenfalls fest, daß die Burg einem derart massiv geführten Angriff nicht lange standhalten konnte. „Und wenn der Fronauer mit seinen Leuten einmal herinnen ist, dann gibt es kein Entkommen!“ – Er mußte die Burg verlassen. Den Kopf tief geneigt, lief er entlang der Knappenbehausung zum nächsten Wehrgang, der sich innerhalb der Festungsmauer befand, getrieben von dem Gedanken, bei der nächstbesten Gelegenheit über die Burgmauer in den Wald entkommen zu wollen. Seine Furcht, in dieser Phase des Kampfes als Geyhard von Wyenn erkannt zu werden, war dabei absolut unbegründet: Jeder der Landsknechte und Ritter hatte mit dem Erhalt seines eigenen Lebens genug zu tun, der Tod war allgegenwärtig.

Zitternd erklomm Geyhard von Wyenn den Steigbaum, der zum oberen Mauerkranz führte, hörte hinter sich noch die Schreie der Verwundeten, um sich wenig später neben einer Zinne halbwegs in Sicherheit zu bringen. Kniend und mit beiden Händen das Mauerwerk umklammernd, versuchte er eine Stelle auszumachen, die für den Sprung in die Freiheit am passendsten schien. Während er so zaghaft über die Brüstung schaute, bemerkte er an einer Stelle der Außenmauer aufgeschichtetes Stroh, das die Truppen Fronauers zum Ausräuchern der Burg bereitgelegt hatten. Erleichtert durch die plötzlich wieder gestiegene Aussicht auf Erhalt seines Lebens, wollte er eine günstige Gelegenheit abwarten, um sich aus der gefährlichen Situation zu retten. „Soll sich das Gesindel die Köpfe einschlagen, die Burg ist ohnedies nicht mein eigen, und wenn ich erst einmal in Freiheit bin, dann werde ich mich beim Kaiser oder bei den Passauern um ein anderes Lehen bewerben“, dachte er. Als sich wenig später das Kampfgetümmel unterhalb seines Standortes in Richtung Berchfrit verlagerte, richtete sich Geyhard kurz auf und sprang in die Tiefe, blieb jedoch mit seinem Leinenumhang an der Mauerkrone hängen, schlug mit dem Kopf gegen die Festungsmauer, brach sich das Genick und starb noch, bevor sein Körper im Burggraben aufschlug.

Der Schwur, den der Greifensteiner in egoistischer Weise noch kurze Zeit zuvor an seine Kriegsknechte gerichtet hatte, war somit in Erfüllung gegangen. Die Burg selbst fiel wenig später in die Hände des Söldnerführers Fronauer, wobei allerdings nicht unerwähnt bleiben soll, daß ein anderer Freibeuter, und zwar einer, der Kaiser Friedrichs Interessen vertrat, es war der Böhme Jan Giskra, im Gegenzug die Heimatburg des Fronauers in Schutt und Asche legte. Seit diesen düsteren Zeiten ist es üblich und bis heute der Brauch, den Schwurstein gegenüber der Westwand im Inneren des Burghofs von Greifenstein zu berühren.

Linke Seite: Sagenumwobenes Relikt aus grauer Vorzeit: der Karlstisch

Szenen aus der lebensbejahenden Stadt Baden am Beginn des 21. Jahrhunderts: Wir sehen einen Kurort, dessen Grundmauern einst in antiker Zeit errichtet wurden, dessen erste Hochblüte sich in der Biedermeierzeit zu entfalten begann und der durch Wendigkeit, Ideenreichtum und Dynamik Voraussetzungen für eine neue Gründerzeit schuf. Den Reichtum an Tradition und Eleganz verdankt Baden nicht zuletzt jenen führenden Adelsgeschlechtern und Persönlichkeiten, die in Baden ansässig waren und deren prachtvolle Bauten im Stadtbild noch allgegenwärtig sind. Baden besitzt aber noch eine Reihe anderer Baudenkmäler, deren Entstehungszeit in Epochen lag, die noch nicht von Harmonie und friedvollem Zusammenleben geprägt waren. Es waren die Jahrhunderte des dunklen Mittelalters mit ihren marodierenden Kriegsknechten und besitzhungrigen Landesfürsten. Es war dies aber auch die Zeit, in der an strategisch wichtigen Plätzen die ersten Burgen errichtet wurden, um die Bewohner des Landes einigermaßen zu schützen. Vorrangig waren diese Festungen jedoch für den Adel bestimmt, und sie waren – zumindest am Beginn des Mittelalters – aus Holz gebaut. Erst später begann man damit, die Umfassungsmauern oder Teile des Wohntraktes aus Stein zu errichten.

Die Ruinen der drei Burgen Rauheneck, Rauhenstein und Scharfeneck am Eingang des Helenentales geben noch heute Zeugnis von jener bewegten Zeit. Es existierte aber noch eine andere steinerne Festung im Raum Baden, an die man sich heute kaum mehr erinnert – es handelt sich um die uralte Veste Rohr.

Über diese Burganlage, deren genauer Standort bis heute umstritten ist, gibt es nur spärliche Hinweise: die Rohrgasse im südlich gelegenen Stadtteil in unmittelbarer Nähe des Hartberges, die beiden Flurnamen „Vestenrohr“ und „Halsriegel“ sowie eine Sage, deren Entstehung ein Relikt aus grauer Vorzeit zugrunde liegt. Bei diesem merkwürdigen Unikat handelt es sich um eine Steinplatte mit einem Durchmesser von etwa 170 cm, die – so erzählt die Sage – der Burganlage Rohr zugehörig war. Der einstige Festungsbau dürfte nach Meinung einiger Historiker um das Jahr 1050 errichtet worden sein. Von welchem Adelsgeschlecht? Das ist bis heute umstritten, erstmalig genannt wird die Burg Rohr in einer undatierten Urkunde des Markgrafen Ernst von Österreich (1055–1075). Ich möchte daher auch gar nicht auf weitere Details über die abgekommene Festung eingehen. Bleiben wir, sehr geehrter Leser, bei jenem mächtigen Steinquaderblock, der sich noch heute inmitten der Leesdorfer Weingärten befindet und dessen dunkle Geschichte Anlaß für die Sagenbildung gab. Von alters her wird die Platte aus Kalkstein als „Karlstisch" bezeichnet. Dieser Name nimmt Bezug auf eine Legende, die besagt, daß bereits der Frankenkaiser Karl der Große im Zuge seines Vernichtungskrieges gegen die Awaren im Jahre 796 an dieser Stelle absitzen ließ und hier Gericht hielt. Im Grunde nichts Besonderes, es gibt eine Fülle ähnlich fragwürdiger Überlieferungen aus alter Zeit. Merkwürdig wird es allerdings, wenn sich um solch eine „Skulptur" über Generationen und Jahrhunderte eine Aura von Sagen bildet und in ihrer Nähe Dinge geschehen, die mit dem menschlichen Verstand nur schwer zu erklären sind. So berichteten Ortsansässige von flackernden Lichtern, die sich zu bestimmten Zeiten über den feuchten Wiesengrund bewegen, oder von unerklärbaren Stimmen, die, so scheint es zumindest, aus einer anderen Dimension zu uns dringen.

Auch die mythische Vorstellung, daß Kaiser Karl an diesem Tisch zu Gericht saß, wurzelte tief in der „Glaubenswelt" der Ortsbevölkerung.

Bis zum Jahre 1839 wurde an jedem Todestag des legendären Herrschers (dem 28. Jänner 814) in der Nähe des Tisches eine Art Prozession durchgeführt. Erst nach dem plötzlichen, rätselhaften Tod zweier Männer, die im berauschten Zustand die Steinplatte vom Sockel gestoßen hatten, stellte man diesen Brauch aus Angst vor dem Unerklärbaren ein. In der Zwischenkriegszeit soll sich ein ähnliches Ereignis zugetragen haben, ein Vorfall, der ebenfalls an die Grenzen des realen Denkens stößt. Es geschah am Abend des 7. Februar im Jahre 1923: Zwei Winzer, die ihre Weingärten in der Nähe des Fieberkreuzes am Hartberg hatten und den ganzen Tag über mit dem Rebschnitt beschäftigt gewesen waren, gingen zu später Stunde entlang der alten Weinstöcke, etwa dort, wo sich heute der Güterweg am Gaisbühel befindet, in Richtung ihrer Höfe. Da sie den Verlauf des geschotterten Weges seit ihrer Jugend bestens kannten, war es ihnen daher auch gleichgültig, daß sie ohne Licht unterwegs waren – obwohl bereits Dunkelheit herrschte und Nebelschwaden in Bodennähe über das Land zogen. Es muß am Beginn der heutigen Rohrgasse gewesen sein, als sie in der Nähe des Karlstisches schemenhafte Gestalten zu erkennen glaubten. Ohne sich ihrer verlangsamten Bewegung bewußt zu sein, konzentrierten sie ihre Sinne auf eine Szene, die sich später unauslöschbar in ihrem Geist festsetzen sollte. Ihre an die Dunkelheit gewöhnten Augen erkannten eindeutig vier unbekannte Personen, die an dem Steintisch saßen und sie unbeweglich anblickten. Vier Personen, die sie zwar als solche wahrnahmen, deren Anblick sie aber in eine derartige Unruhe versetzte, daß sie unfähig waren, sich

In unmittelbarer Nähe der Steinplatte soll es immer wieder zu unerklärbaren Phänomenen gekommen sein.

von der Stelle zu rühren. In dieser Phase des Erstarrens konnten die beiden Landwirte jede Einzelheit der ebenso unbeweglichen Wesen wahrnehmen. Es war, als hätten sie die Schwelle zu einer anderen Welt überschritten. Da sich das Erscheinungsbild der Gestalten ihnen gegenüber von der Umgebung nur schwach abhob, traten die beiden Winzer schließlich näher, um den unheimlichen Anblick deutlicher ausmachen zu können – doch nun verschwand das mystische Phänomen. Lange Zeit sprachen die beiden kein Wort über das Erlebte – erst nach Monaten fühlten sich die beiden Männer imstande, über dieses seltsame Ereignis zu berichten. Seit diesem Vorfall wurde die Gegend um den Karlstisch von den Einwohnern des Ortes nach Möglichkeit gemieden, in den folgenden Jahren soll es an dieser Stelle noch mehrmals zu unerklärbaren Erscheinungen gekommen sein. Heute ist der Steintisch von dichtem Gestrüpp umgeben, ein Weingarten und ein neu errichteter Spielplatz, auf dem an sonnigen Tagen die Kinder umhertollen, grenzen hart an die merkwürdige Stelle. Bis eines grauen Tages vielleicht wieder …

Die Belagerung von Kammerstein

Linke Seite: Die Hoffnung auf vergrabene Schätze ließ Generationen von Glücksrittern die Umgebung der Burg Kammerstein durchkämmen.

Unweit der Kaltenleutgebener Klause erhebt sich am südlichen Abhang des Parapluiberges, inmitten dichten Waldbestandes, eine der ältesten Befestigungsmauern des gesamten niederösterreichischen Raumes. Zugeschrieben werden diese Mauerreste einer Burganlage, in der einst Otto III. von Perchtoldsdorf als Kämmerer des Herzogstums Österreich residiert haben soll und die Hunderte Jahre später unter der Bezeichnung „Kammerstein“ Eingang in die Fachliteratur gefunden hat. Von geradezu unglaublicher Stärke müssen ihre Mauern gewesen sein, und betrachtet man die Bruchsteinverfugung genauer, so fällt auf, daß die Erbauer sogar wuchtige Baumstämme darin eingefügt hatten, um ein Untergraben zu verhindern. Davon zeugen noch heute die röhrenartigen Abdrücke, die der Burgkörper stellenweise erkennen läßt. Im Südosten der Anlage erheben sich noch die Reste des einstigen Bergfriedes, durch dessen Lage etwaige Angreifer gezwungen wurden, ihren ungedeckten Schwertarm der Burg zuzuwenden, wenn sie die Eingangspforte passieren wollten. Eine Besonderheit stellte auch die Wasserversorgung der einstigen Festung dar: Unbemerkt in einem schmalen Graben, mit Bachkieseln ausgefüllt und mit Erde bedeckt, floß das Wasser einer kleinen Quelle vom gegenüberliegenden Hang direkt in einen Brunnenschacht. Doch trotz dieser Vorkehrungen an baulichen Maßnahmen zum Schutze der Burgbewohner dürfte es gelungen sein, die Festung zu bezwingen.

So wenig über die Burg selbst urkundlich in Erfahrung zu bringen ist, so vielfältig sind die Vermutungen und Legenden, die sich um das alte Mauerwerk ranken. Einer der ersten, der über die Burg Kammerstein und ihren Untergang berichtete, war Thomas Ebendorfer von Haselbach, der vor etwa fünfhundert Jahren Pfarrer in Perchtoldsdorf war und eine umfangreiche Geschichtsforschung betrieb. Seiner Ansicht nach begann sich das Ende der heimischen Festung schon abzuzeichnen, als der deutsche König Rudolf I. von Habsburg im Jahre 1282 – vier Jahre nach dem Sieg über Ottokar bei Dürnkrut und Jedenspeigen – seine beiden Söhne Albrecht und Rudolf mit den alten Babenbergerbesitzungen Österreich und

Letzte Zeugen blutiger Kämpfe: Pfeilspitzen, Geschoßkugeln (sogenannte „Burgschlangen"), Bartaxt und Armbrustbolzen (von oben links). Rechte Seite: Im Inneren der Ruine Kammerstein fallen die röhrenartigen Abdrücke im Mauerwerk auf. Die einst hier eingelassenen Baumstämme sollten das Untergraben bei einer Belagerung verhindern.

Steiermark belehnte. Da im Gefolge des neuen Landesherrn, Herzog Albrechts I., auch eine nicht unbedeutende Zahl an schwäbischen und bairischen Günstlingen aus seiner Heimat mit in das Land gekommen war und mit heimischen Besitzungen beschenkt wurde, sah sich der österreichische Adel genötigt, gegen die neue Machtherrschaft offen zu rebellieren. Dabei soll Otto III. von Perchtoldsdorf eine nicht unbedeutende Führungsrolle eingenommen haben. Wie schon Thomas Ebendorfer vermutete, ist der Untergang von Kammerstein mit diesen kriegerischen Auseinandersetzungen in Verbindung zu bringen.

Wie die Überlieferung berichtet, suchte Otto III. Unterschlupf in der Burg Kammerstein, nachdem die Kriegsknechte des Herzogs sein Stammschloß in Perchtoldsdorf belagert und

schließlich zerstört hatten. Als wenig später auch die Belagerung der Festung Kammerstein begann, mußten die Angreifer bald erkennen, daß sie mit ihren Waffen und Techniken gegen den festen Steinbau kein Auslangen fanden. Erzherzog Albrecht soll daraufhin eine List angewendet haben: Er sandte einen Boten mit dem Vorschlag zu Otto von Perchtoldsdorf, die andauernden Kämpfe endgültig einzustellen. Als Zeichen seiner Versöhnung wolle er ihn und seine Mitstreiter in die Burg zu Wien einladen. Da die Vorräte auf Kammerstein ohnedies immer weniger geworden waren und die Knechte des Herzogs tags zuvor die Belagerung abgebrochen hatten, ging der Perchtoldsdorfer schweren Herzens auf den Vorschlag ein. Der Legende nach soll die falsche Frohbotschaft des Herzogs ihre Wirkung nicht verfehlt haben: Kurz nachdem Otto von Perchtoldsdorf seine uneinnehmbare Festung verlassen hatte, ließ Albrecht I. die nun führerlose Burg im Handstreich nehmen. Für den nichtsahnenden Perchtoldsdorfer aber, der am Abend bei der festlich gedeckten Tafel saß, hatte sich der Herzog eine besondere Überraschung ausgedacht. Just den Zeitpunkt abwartend, als die Festgäste in bester Stimmung waren, trat Herzog Albrecht auf den Perchtoldsdorfer zu, führte ihn an eines der Fenster und bat ihn, einmal einen Blick auf die südlichen Hänge des Wienerwaldes zu richten. Und obwohl die Lider des einstigen Kämmerers vom Wein bereits schwer geworden waren, wußte er sofort, warum der Herzog dieses Ansinnen an ihn gerichtet hat. Was er sah, ließ seine Sinne mit einem Schlag hellwach werden. Und bevor er noch zu einer Regung fähig war, hörte er im Hintergrund das Lachen des Herzogs. Dort wo einst seine uneinnehmbare Burg gestanden hatte, sah man nur mehr ein unendliches Flammenmeer, das keine irdische Macht hätte löschen können. Der Legende nach soll Otto von Perchtoldsdorf unmittelbar darauf mitsamt seinen Gefolgsleuten in Eisen gelegt worden sein und den

Belagerung einer Burg. Buchmalerei, um 1310–1340. Aus: „Große Heidelberger Liederhandschrift“ (Codex Manesse).

Noch immer rinnt das Quellwasser unbemerkt zu den Resten der Burgruine.

Rest seines Lebens im Kerker zugebracht haben. Abgesehen von der historischen Gestalt des Otto von Perchtoldsdorf, des mutmaßlichen Besitzers des in der Öffentlichkeit kaum bekannten Festungsbaues, birgt die Burg selbst noch ein Rätsel, das bis in unsere Tage ungelöst geblieben ist. Gemeint ist damit der in den Felsen geschlagene Brunnenschacht auf der untersten Ebene des ehemaligen Wehrturmes, dem sichersten Ort in der gesamten Burganlage. Seit Jahrhunderten gibt es nämlich die Meinung, daß die Zisterne nicht nur für die Speicherung des Quellwassers gebaut worden ist. Sie soll auch der Einstieg zu einem bislang unbekannten Fluchtweg sein, in dem einige Waffen und Wertgegenstände der letzten Besitzer von Kammerstein noch verwahrt sind. Ob dies tatsächlich der Fall ist, läßt sich aus heutiger Sicht nicht mehr beurteilen. Um den eigenmächtigen Nachforschungen der Bevölkerung endgültig Einhalt zu gebieten, ließ man den sagenhaften Brunnenschacht 1776 zuschütten.

Das Kloster St. Laurentius im Paradies

Linke Seite: Heute gespenstisch anmutendes Bruchsteinmauerwerk, im Mittelalter ein Zentrum klösterlichen Lebens

Etwa auf halbem Wege zwischen den Ebenen des Tullnerfeldes und den Bergkuppen des Wienerwaldkammes, nahe der Riederbergstraße, liegen die wildromantisch verwachsenen Ruinenreste eines der geheimnisvollsten Klöster auf österreichischem Boden. Zugeschrieben wird der ehemalige Klosterbau den Franziskanern, doch gibt es Hinweise darauf, daß die Fundamente bedeutend älteren Ursprungs sind. Nicht aus schriftlichen Quellen, davon gibt es wahrlich viel zu wenige, sondern aus den Überlieferungen von Generation zu Generation und vor allem aus den noch vorhandenen steinernen Überresten vergangener Zeiten. Ungeachtet der Tatsache, daß der einstige Kirchenbau abseits der heutigen Durchzugsroute über den Riederberg liegt und damit die Frage aufwirft, ob das Kloster nicht ursprünglich an einem uralten Handelsweg lag, überdeckt eine noch heute spürbare Aura das einstige Zentrum klerikalen Lebens. Das Spiel des Windes in den Baumkronen und das Flüstern des nahen Bachlaufes vermitteln ein Gefühl der Einsicht und der Ruhe. Etwas abseits der mächtigen Mauerreste entspringt auch eine Quelle, deren klarem Wasser heilkräftige Wirkung nachgesagt wird. In einer Abhandlung, die die karolingische Pfarre Abbatestesin (Abstetten) betrifft, wird dieses Brünndl sogar als „heilige Quelle“ bezeichnet, wobei es hier nachweislich noch bis in das Jahr 1950 zu unglaublichen kultischen Handlungen kam. Nach der Erzählung einer alten Bäuerin wurden Bittprozessionen, die durchaus den Charakter von alten „heidnischen“ Götterbeschwörungen hatten, abgehalten. Ihrer ernstgemeinten Aussage nach wurde noch am Beginn unseres Jahrhunderts mit Schlägen in den Quellkessel der „Wassergeist“ gestört, damit sich sein „Zorn“ in Form von Regen über die Äcker ergießen möge.

Zu den unerklärbaren Rätseln dieser geheimnisvollen Stätte zählen auch die gewaltigen Steinkugeln mit einem Durchmesser von ca. 2 Metern, deren Oberflächen von zahlreichen Ausmeißelungen in gerader Linie gekennzeichnet oder – bereits in zwei Hälften gebrochen – tief in den Waldboden versunken sind. Es wäre daher nicht verwunderlich, wenn im Zuge

Die Ruinen der zerstörten Kirche erinnern an die Schreckenstage im September des Jahres 1529.

der Christianisierung gerade dieser Ort mit Bedacht für kultische Handlungen ausgewählt worden wäre. Einerseits vielleicht, um dem tiefverwurzelten „heidnischen" Glauben aktiv zu begegnen, andererseits, um der spärlichen Bevölkerung im achten Jahrhundert die Lehre Christi zu überbringen. Schenkt man der kirchlichen historischen Forschung Glauben, befand sich bereits zu jener Zeit an dieser Stelle eine Kapelle, die dem heiligen Laurentius gewidmet war. Grundbücherlich belegt ist der Klosterbau allerdings erst im Jahre 1436. Gabriel von Verona, damals Vikar der österreichischen Ordensprovinz, gründete aufgrund einer Schenkung landwirtschaftlichen Bodens durch die Habsburger ein Kloster, das er „Zu unserer lieben Frau und St. Laurentius im Paradeis" nannte.

Nach einer Zeit des Aufbaues und des meditativen Alltags traf der oft nicht verstandene Wille Gottes am 4. August des Jahres 1509 die Bruderschaft der Franziskaner unbarm-

St. Laurentius vom ehemaligen Klostergarten aus gesehen. Im dahinterliegenden Wald befindet sich jenes Brünndl, das einst als heilige Quelle bezeichnet wurde.

herzig und mit vollster Härte. Bereits Wochen vor diesem schrecklichen Ereignis lag eine drückende Schwüle über dem Tullnerfeld und den angrenzenden Waldfluren des Wienerwalds. Die Quellkessel an den Hängen des Waldes waren vertrocknet, und wenn die erhitzte Luft durch das Unterholz strich, vernahm man das leise Rascheln der verdorrten Blätter. Mensch und Tier litten gleichermaßen unter der unnatürlich lang andauerndern Trockenheit. In dieser Zeit wagte es niemand in den Holzfällersiedlungen, einen Kienspan oder ähnliches Luntenzeug anzuzünden. Zu groß war die Gefahr, daß Hütte und Scheune ein Opfer der unkontrollierbaren Flammen werden könnten. Auch in unserem kleinen Kloster mit dem angebauten Gotteshaus an der nördlichen Hangseite des Riederberges war man in dieser Zeit bemüht, kein offenes Licht unbeaufsichtigt oder unbedacht zu entfachen. Am Vorabend des unheilvollen Tages, es war bereits die dritte Stunde nach der abendlichen Spätmette, ging der Decanus canoniae Clemens Klaghofer nochmals durch die engen Stuben und den Kirchentrakt, um nach dem Rechten zu sehen. Gegen zehn erlosch der letzte Lichtschein im Kloster, und wäre jemand zur nächtlichen Stunde die alte Riederbergstraße entlanggegangen, er hätte die kleine Eremitage gar nicht wahrgenommen.

Es war kurz nach Mitternacht, als sich dann die ersten Vorboten eines Föhnwindes auf den Gipfelkuppen des Wienerwaldes bemerkbar machten. In den Schneisen des Hochwaldes sammelten sich die Windböen, um noch gewaltiger als vorher das dürre Laub von den Ästen zu reißen und es hernach wütend zwischen den Stämmen dahinzutreiben. Als der Föhnsturm das Kloster erreicht hatte, gab es keinen Spalt, der zu schmal war, um seinem Treiben Einhalt zu gebieten. In immer heftiger werdenden Böen brachte der warme Fallwind das Balkenwerk der Glaubensstätte zum Erzittern und – bis heute weiß man nicht, an welcher Stelle – ein schlecht bedecktes Licht zum neuerlichen Aufflammen. Es dürfte gegen zwei Uhr gewesen sein, als der Entsetzensschrei „Feuer!" durch die Finsternis gellte. Kurze Zeit später bemerkten einige der Ordensbrüder, wie dichter Rauch aus dem Hauptschiff der kleinen Kirche drang, um gleich darauf mit gleißender Flamme sich seinen Weg durch das Schindeldach gegen den nächt-lichen Sternenhimmel zu suchen. Es galt nun zu retten, was noch zu retten war. Ohne auch nur im geringsten auf ihre Sicherheit zu achten, versuchten die Patres bis zum Allerheiligsten vorzudringen, wobei einer von ihnen, es war Bruder Zacharias, unter dem zusammenbrechenden Altar sein Leben verlor. Der Tod ereilte ihn, als er versuchte, die liturgischen Gerätschaften aus dem Presbyterium vor den Flammen zu retten.

Acht volle Jahre sollte es dauern, bis die Schäden jener grauenhaften Nacht größtenteils getilgt waren. Nur unter unsäglicher Mühe gelang es, den Klosterbetrieb wieder einigermaßen aufzunehmen. Nach diesem Unglück, dem man hilflos ausgeliefert gewesen war, sollte jedoch noch ein viel größerer, endgültigerer Schicksalstag über unser „Kloster im Paradies" hereinbrechen. Es war dies der 29. September 1529, und das Verhängnis nahte, wie sollte es in jenen Tagen anders sein, in der Gestalt des türkischen Halbmondes. Der Tod, der in jenen Tagen durch den Wienerwald eilte, kam für die Ordensleute ebenso überraschend wie für die übrige Bevölkerung in den abgeschiedenen Tälern dieses Waldgebietes. Wie der Überfall einer türkischen Streifschar auf das Kloster an jenem späten Septembertag genau vor sich ging, wurde uns nicht überliefert – kein Augenzeuge überlebte. Um so schrecklicher muß es für die Leute gewesen sein, die Wochen später zu der einstigen Stätte der Nächstenliebe kamen, um selbst Hilfe zu suchen, und ein Bild des Grauens vorfanden: Vier der ermordeten Mönche lagen in unmittelbarer Nähe der Kirchenpforte, von den Muselmanen derart zugerichtet, daß sich sogar die armen Bauersleute abwenden mußten. In der Kirche und der Sakristei selbst lagen sieben weitere tote Brüder, auch sie durch die mordlüsternen türkischen Krieger bis zur Unkenntlichkeit verstüm-

Riesige Steinkugeln mit bislang ungeklärten Ausmeißelungen liegen im angrenzenden Wald und geben Rätsel auf.

melt. Etwas abseits des kleinen Gotteshauses, dort wo der klösterliche Kräutergarten zum Bach abfällt, fanden sich die sterblichen Überreste des Laienbruders Alexius von Tamsweg, eines sehr frommen Greises, der hier fern der Heimat seinen Weg zu Gott gesucht hatte. Sein Schädel wies eine große, klaffende Wunde auf. Auch die Unterarme, die er vermutlich schützend über seinen Kopf gehalten hatte, waren von den Säbelhieben unbeschreiblich zugerichtet worden. Die übrigen sechzehn Patres, darunter P. Theobald von Neustadt, ein vorbildlicher Priester, der früher Vorstand der Sakristei zu Wien gewesen war, sowie Bernhardin von Döllersheim und Zachäus von Zwettl, lagen getötet und vom Feuer entstellt unter den verkohlten Trümmern ihrer zerstörten Abtei. Diese Heimsuchung sollte für die österreichische Ordensprovinz richtungsweisend sein. Im Provinzialkapitel von Langenlois wurde 1530 der Beschluß gefaßt, den Ort gänzlich aufzugeben und zu verlassen. Seit dieser Zeit – fast ein halbes Jahrtausend hindurch – sind die noch verbliebenen Reste von Kirche und Kloster dem Verfall

Durch das Wasser des nahen Baches werden immer noch Keramik- und Knochenreste freigespült.

preisgegeben. Jahrhunderte vergingen, ohne daß sich jemand für das Areal der einstigen Klostergründe auch nur im geringsten interessiert hätte. Bis zum Jahre 1839. In dieser Zeit begann ein geschichtskundiger Pfarrer aus dem Tullnerfeld, sein Name war Adam Mihm, sich mit der Klosterruine zu beschäftigten und auf Grund von Vermutungen und Hinweisen aus alten Schriften Grabungen und Vermessungen durchzuführen. In einer Niederschrift notierte der Geistliche: „... Plan der Klosterruine zu Ried; deren fernere Zerstörung; Schatzgraben daselbst ...". Es erhebt sich die Frage, was Pfarrer Mihm in seinen handschriftlichen Notizen aussagen wollte? Daß er die alten Klostermauern freigelegt und vermessen hat, ist auf Grund seines privaten historischen Interesses verständlich und weiter nicht geheimnisvoll. Daß er im Zuge seiner Recherche zwangsläufig auf das Gemetzel des Jahres 1529 kommen mußte und es daher in seiner Niederschrift erwähnt, ist ebenso einleuchtend. Was bedeutet aber der dritte Vermerk: „Schatzgraben daselbst"? Wußte der Geistliche von Kirchenschätzen? Waren die Kirchengründe in den Jahren des Verfalls das Ziel schatzsuchender Zeitgenossen? Hatten die letzten Bewohner des Klosters vielleicht doch noch die Möglichkeit gehabt, etwaige Wertgegenstände vor den Türken zu verbergen? Hatten sie in den Annalen des Klosters Angaben zur Wiederfindung gemacht? Fest steht jedenfalls, daß die Grabung von Pfarrer Mihm – laut eigenen Angaben des geistlichen Herrn – über zwölf Jahre dauerte.

Pfarrer Mihm war aber nicht der einzige, der die Ruinenstätte mehrmals umgegraben hat. Ihm zur Seite stand sein Kooperator Michael Schmid und, nicht zu vergessen, der k. k. Revierförster H. Noderer. Wie der Pfarrer in seinen Aufzeichnungen ausführt, wurden bei diesen Grabungsarbeiten schließlich sogar einige verborgene Grüfte gefunden und geöffnet. In seinem Plan aus dem Jahre 1839 sind die heute kaum mehr wiederzuerkennenden Grufteingänge noch auf das genaueste eingezeichnet. Über ausgegrabene Kunstschätze oder Münzen überlieferte uns jedoch der suchende Gottesmann keine Zeile.

Die Türkennot von 1529

Als am 28. August 1526 in einer Reiterschlacht bei der südungarischen Stadt Mohács das Heer der Magyaren von den Truppen Sultan Süleimans II., des Prächtigen, vernichtend geschlagen wurde und der Jagiellonenkönig Ludwig II. dabei sein Leben verlor, war für Erzherzog Ferdinand, dem Landesherrn Österreichs und Schwager Ludwigs, klar, daß der Friede mit dem expandierenden Osmanischen Reich nur mehr von begrenzter Dauer sein würde. Der Grund zu dieser berechtigten Befürchtung lag in der unvorhergesehenen, plötzlich veränderten Situation, die durch den Tod Ludwigs II. entstanden war: Nach den alten Verträgen von Wiener Neustadt 1463 und Preßburg 1491 sowie der Doppelhochzeit von 1515 war zwar Ferdinand – Ludwig hatte keinen Erben hinterlassen – legitimer Nachfolger auf die ungarische Krone, für die Osmanen galt jedoch noch immer der klassische Ausspruch: „Was der Huf des Padischah einmal berührt hat, das ist sein Eigentum.“ Zu dieser despotischen Weltanschauung der Osmanen kam noch, daß eine starke Partei aus Ungarn, Slawonien und Siebenbürgen am 11. November 1526 den Wojwoden Johann (Jan) Zápolya zum König ausgerufen hatte, in der Hoffnung, sich dadurch dem Einfluß der Habsburger weiter entziehen zu können. Erzherzog Ferdinand bestand jedoch auf sein angestammtes Recht und ließ sich am 16. Dezember 1526 – unter Mithilfe des westungarischen Adels – in Preßburg zum König wählen. Diese Konstellation führte unweigerlich zu einem neuen Waffengang, aus dem Erzherzog Ferdinand I. 1527 bei der Schlacht von Tokaj als Sieger hervorging und der Verlierer Zápolya Hilfe bei seinem Verbündeten Sultan Süleiman suchte und schließlich auch fand. Als der ungarische Reichstag Erzherzog Ferdinands Königswürde bestätigte und am 3. November 1527 die Krönung erfolgte, sah sich der Sultan gezwungen – er befürchtete eine weitere Festigung der habsburgischen Herrschaft in Ungarn –, für einen großangelegten Feldzug zu rüsten. Und so kam es, daß am 2. Ramadan 935 nach der Hedschra, nach christlicher Zeitrechnung am 10. Mai 1529, Süleiman mit etwa 120.000 Mann von Istanbul auf-

Zur Erinnerung an das Massaker von 1529. Gedenksäule im „Jammertal“ bei Tulbing. Linke Seite: An den aufgefundenen Schädelknochen lassen sich Spuren tödlicher Hiebverletzungen feststellen.

Während die Türken in das enge Tal einfielen, versuchten einige Dorfbewohner verzweifelt, über die steilen Hänge zu entkommen.

brach, um sich Ungarn und die Nachbarländer aus dem Machtbereich der Habsburger einzuverleiben. Da Ferdinand I. trotz aller Anstrengungen kaum mehr als 17.000 Mann zur Verteidigung aufbringen konnte, war an die anfängliche Strategie, den Türken in einer offenen Feldschlacht zu begegnen, nicht mehr zu denken. Die Kommandierenden der österreichischen Truppen beschlossen daher, dem Feind mit einer Verteidigungstaktik Paroli zu bieten. Im Klartext bedeutete das: Weite Teile Ostösterreichs und ganz besonders der Wienerwald wurden Kampfgebiet; wenngleich die Landbevölkerung den türkischen Streifscharen, die sich dem Dschihad (Heiligen Krieg) verschrieben hatten, kaum etwas Vergleichbares an Kampfkraft entgegensetzen konnte. Eine der wenigen Maßnahmen, die die Einwohner der ländlichen Gebiete unternahmen, waren spontane Vorbereitungen zum Schutz ihres Lebens bzw. ihres Eigentums. Abgesehen von den großen Festungen, die den Leuten einen einigermaßen sicheren

Der oberste Herrscher der Osmanen: Sultan Süleiman II., der Prächtige. Federlithographie von Hans Guldenmundt, 1529

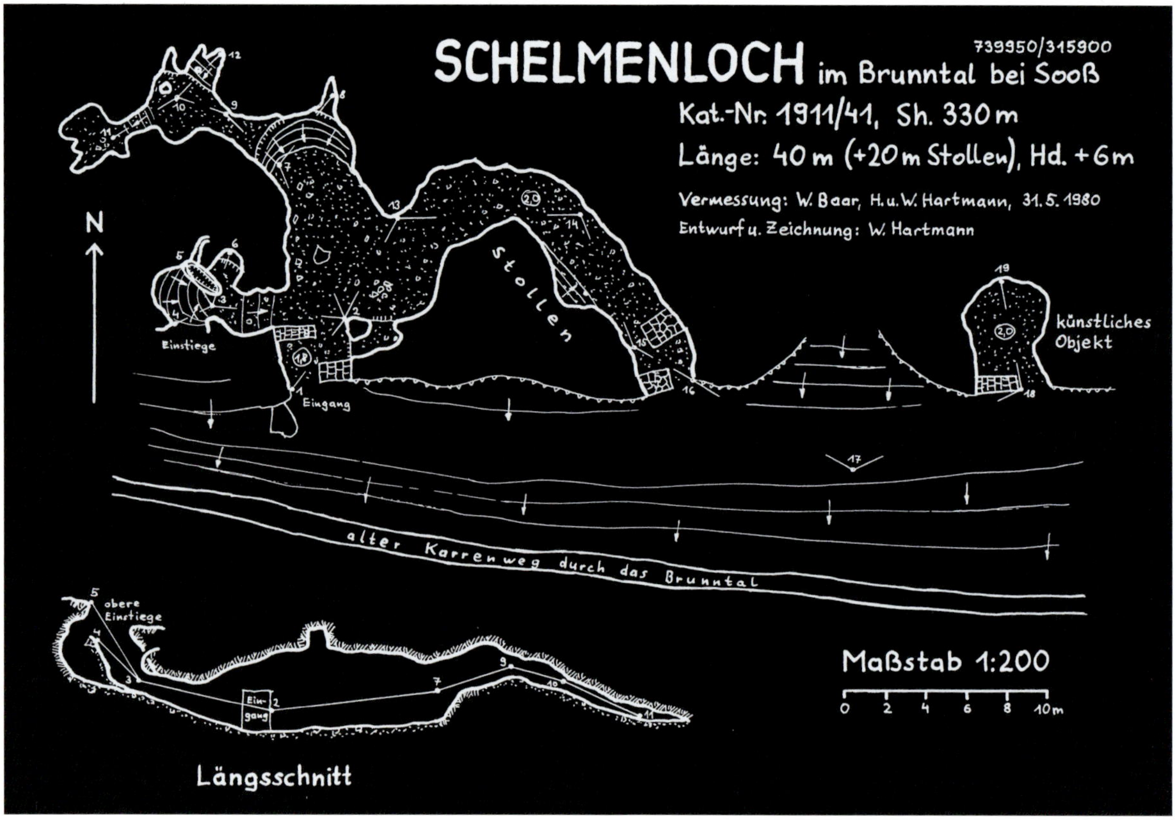

Planmäßige Darstellung des Schelmenlochs im Brunntal bei Sooß
Vorhergehende Doppelseite: In diesem Höhlenraum fand man bei der Grabung von 1880 die Habseligkeiten der geflüchteten Weinbauernfamilien aus Sooß.

Aufenthalt gewährten, ging man daran, die Dörfer, aber vor allem die Kirchen und im einzelnen größere Bauernhöfe zu ummauern, um nicht gänzlich dem Erbfeind ausgeliefert zu sein. Der osmanische Historiker Ibrahim-i Pecuyi notierte einst: „... im Lande der Nemce (Deutschen)) sind alle Gotteshäuser mit einem Wall befestigt ...“ Diese Vorkehrungen hatten natürlich nur eine begrenzte Wirksamkeit, doch gegen die Türken, die oft nur in kleinen Verbänden operierten, zeigten sie einen nicht zu unterschätzenden Verteidigungseffekt.

Zusätzlich hielt man auf Bergkuppen wie dem Hohen Lindkogel, dem Schöpfl, dem Rauchbuchberg und dem Hohenwartberg trockenes Brennholz bereit, um im Ernstfall die Annäherung des Feindes rechtzeitig signalisieren zu können. Und während die Heersäule des Sultans langsam, aber stetig gegen das Habsburgerreich vorstieß, eilten der heranrückenden Streitmacht bereits Schrekkensmeldungen voraus: Berichte von Greueltaten der „Renner und Brenner", der sogenannten Akindschi. In der ersten Septemberwoche des Jahres 1529 sollte die Geißel des Krieges auch über die Wienerwaldbewohner hereinbrechen. Schon Tage zuvor bemerkten die Menschen allabendlich das blutrot gefärbte Firmament, in dem sich die Flammen der brennenden Dörfer im Süden des Landes widerspiegelten. Dazu kam noch, daß auf den Straßen unzählige Flüchtlinge unterwegs waren, aus deren Schilderungen immer schrecklichere Details über die Grausamkeiten der Türken bekannt wurden. Ein besonders schrecklicher Ruf ging den Janitscharen voraus, einer Eliteeinheit, die sich aus ehemals geraubten Kindern aus den eroberten Gebieten rekrutierte, die in eigenen Lagern aufwuchsen und ausschließlich für den Kampf gedrillt wurden. Wie Augenzeugen berichteten, waren gerade sie es, die mit großer Unmenschlichkeit vorgingen. In der Umgebung von Perchtoldsdorf, so erzählte man, habe man sogar Kleinkinder auf zugespitzten Pfählen aufgespießt und Frauen bei lebendigem Leib die Brüste abgeschnitten.

Der alte Karrenweg, auf dem die Flüchtenden in jenen Tagen der Höhle zueilten.

Solche Schilderungen genügten, um die ohnedies schon verängstigte Landbevölkerung in Panik zu versetzen. Gehetzt und voller Verzweiflung begannen nun auch diejenigen, die sich bisher beharrlich geweigert hatten, Haus und Hof zu verlassen, nach einem geeigneten Zufluchtsort zu suchen. Für viele sollte aber gerade dieser Entschluß den Anfang eines schrecklichen Endes bedeuten. Von Beginn an gab es für die meisten nur eine einzige Möglichkeit, sich den Augen der Akindschi zu entziehen: die Flucht in die ausgedehnten Waldungen des kaiserlichen

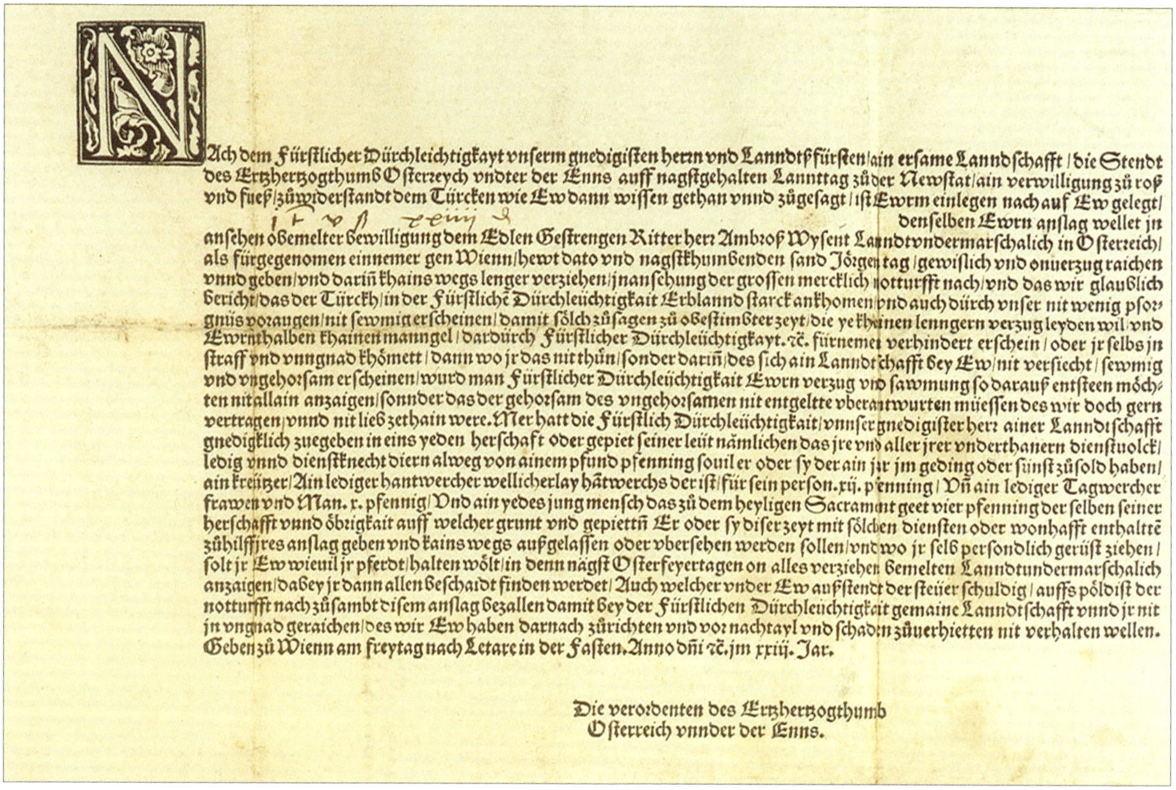
Nach dem Fürstlicher Dürchleichtigkayt vnserm gnedigisten herrn vnd Lanndtsfürsten/ ain ersame Lanndschafft / die Stendt
des Ertzhertzogthumb Osterreych vndter der Enns auff nagstgehalten Lanntag zü der Newstat/ ain verwilligung zü roß
vnd fueß/ zü widerstandt dem Türcken wie Ew dann wissen gethan vnnd zügesagt/ ist Ewrm einlegen nach auf Ew gelegt/
denselben Ewrn anslag wellet jn
ansehen obemelter bewilligung dem Edlen Gestrengen Ritter herr Ambroß Wysent Lanndtvndermarschalich in Osterreich/
als fürgegenomen einnemer gen Wienn/ hewt dato vnd nagstkhumbenden sand Jörgen tag/ gewißlich vnd onuerzug raichen
vnnd geben/ vnd darin khains wegs lenger verziehen/ jn ansehung der grossen mercklich notturfft nach/ vnd das wir glaublich
bericht/ das der Türckh/ in der Fürstliche Dürchleüchtigkait Erblannd starck ankhomen vnd auch dürch vnser nit wenig psor-
gnüs voraugen/ nit sewmig erscheinen/ damit sölch züsagen zü obestimbter zeyt/ die ye khainen lenngern verzug leyden wil/ vnd
Ewrnthalben khainen manngel/ dardürch Fürstlicher Dürchleüchtigkayt. rc. fürnemen verhindert erschein/ oder jr selbs jn
straff vnd vnngnad khömett/ dann wo jr das nit thün/ sonder darin/ des sich ain Lanndtschafft bey Ew/ nit versiecht/ sewmig
vnd vngehorsam erscheinen/ wurd man Fürstlicher Dürchleüchtigkait Ewrn verzug vnd sawmung so darauß entsteen möch-
ten nit allain anzaigen/ sonnder das der gehorsam des vngehorsamen nit entgeltte vberantwurten müessen des wir doch gern
vertragen/ vnnd nit lieb zethain were. Mer hatt die Fürstlich Dürchleüchtigkait/ vnnser gnedigister herr ainer Lanndtschafft
gnedigklich zuegeben in eins yeden herschaft oder gepiet seiner leüt nämlichen das jre vnd aller jrer vnderthanern dienstuolck/
ledig vnnd dienstknecht diern alweg von ainem pfund pfenning souil er oder sy der ain jar jm geding oder sunst zü sold haben/
ain kreützer/ Ain lediger hantwercher wellicherlay hantwerchs der ist/ für sein person. xij. pfenning/ Vnd ain lediger Tagwercher
frawen vnd Man. x. pfennig/ Vnd ain yedes jung mensch das zü dem heyligen Sacrament geet vier pfenning der selben seiner
herschafft vnnd öbrigkait auff welcher grunt vnd gepietten Er oder sy diser zeyt mit sölchen diensten oder wonhafft enthalten
zühilff jres anslag geben vnd kains wegs außgelassen oder vbersehen werden sollen/ vnd wo jr selb persondlich gerüst ziehen/
solt jr Ew wieuil jr pferdt/ halten wölt/ in denn nägst Osterfeyertagen on alles verziehen bemelten Lanndtundermarschalich
anzaigen/ dabey jr dann allen beschaidt finden werdet/ Auch welcher vnder Ew außstendt der steüer schuldig/ auffs pöldist der
notturfft nach züsambt disem anslag bezallen damit bey der Fürstlichen Dürchleuchtigkait gemaine Lanndtschafft vnnd jr nit
jn vngnad geraichen/ des wir Ew haben darnach zürichten vnd vor nachtayl vnd schaden züuerhietten nit verhalten wellen.
Geben zü Wienn am freytag nach Letare in der Fasten. Anno dñi rc. jm xxiij. Jar.

Die verordenten des Ertzhertzogthumb
Osterreich vnnder der Enns.

Türkensteuer-Bescheid vom 20. März 1523. Mit dieser neu geschaffenen Sondersteuer, die bis in das 18. Jahrhundert hinein eingehoben werden sollte, versuchte Ferdinand I. die finanziellen Mittel für die Türkenabwehr aufzubringen.

Forstes. Wobei für die weiter südlich wohnende Bevölkerung sich noch die Möglichkeit ergab, in einer der verborgenen Höhlen Unterschlupf zu finden. Was immer für eine Entscheidung die Flüchtenden auch getroffen hatten, letztendlich entschied das Schicksal über Leben und Tod jedes einzelnen.

Zu einer der schrecklichsten Tragödien kam es am 12. September 1529. Schon Tage zuvor hatten sich die Bewohner der südlich von Baden gelegenen kleinen Ortschaft Sooß bemüht, Vorkehrungen für ihre Flucht zu treffen. Da an eine Verteidigung der Weinhauersiedlung nicht zu denken war, beschlossen daher einige Bauern, die Zeit der schwersten Not in einer der Höhlen ihrer näheren Umgebung zu verbringen. Nach langen, zeitraubenden Überlegungen einigte man sich schließlich auf das Schelmenloch auf der nördlichen Hangseite des Hohen Lindkogels. Aus früheren Erkundigungen wußte man, daß der Höhlenraum groß genug war, um jene Anzahl von Leuten, die sich für das

Die Greuel von 1529 wiederholten sich 154 Jahre später noch einmal: Massaker der Türken in Perchtoldsdorf nach der friedlichen Übergabe des Ortes durch den Marktrichter Adam Strenninger, 16. Juli 1683. Fresko von Jakob Dietzinger im Rathaus von Perchtoldsdorf. Auch hier vertraute die Bevölkerung vergeblich dem Angebot des freien Abzugs.

330 Meter hoch gelegene Versteck entschieden hatten, aufnehmen zu können. Nachdem einige Bauern ihre Weinkeller vermauert hatten, trieben sie das Vieh aus den Stallungen und vergruben die wertvolleren Gegenstände, in der Hoffnung, dadurch ihren Schaden so gering wie möglich halten zu können. Den wenigen Schmuck, den einige besaßen, und die paar Kreuzer, die sie in jahrelanger schwerer Arbeit manchmal beiseite legen hatten können, hatten die meisten schon in Lederbeuteln fest an ihren Gürtel geschnürt, während die Frauen die letzten Vorräte bündelten, um bald darauf Sooß mit seinen schindelgedeckten Häusern in westlicher Richtung zu verlassen.

Der Weg, den sie einschlugen, führte sie geradewegs in den Brunngraben, ein kleines, schmales Tal, das zwischen Sooßer Wald und dem Augustinerwald verläuft und bei der Steinhöhe mit ihren mächtigen dunkelgrünen Föhren sein Ende findet. Wäre nicht die schreckliche Bedrohung gewesen und die Angst um das

A Wie die Turcken mit den gefangen Christen u[illegible]

Ich Marx eissenkern/hab solche obgemelte unmenschliche [illegible]ung/und kauffm[an]schafft/mit den armen gefangen Christen/Perschönli[ch] [illegible] mit schmertzen erfaren und erstanden/und bin also mit andern armen/gefangen Christen hingefürt [s]o zusam gebunden/und gedribē wie das Viech oder jaghundt/die es doch zum Teyl in etlichen sachen besser haben dan wir. Also werden voneinander getheilt in etlich hauffen/einer zu der Stadt der ander zu yener/biß ich in die vierten handt/Verkaufft vñ gekaufft worden bi[illegible] [illegible]nder von den Eltern scheidē/in frem[illegible] unbekante ort/das sie nimmer zusammen kommen/und schmertzlich aneinander verlass[e]n müssē/vñ offtmals in die/driten virten hand/verkaufft und gekaufft werden. Aber nach solchem ele[n]den Leiden/Bin ich erled[illegible] durch die hilff und gna[d] Gottes Almechtige[illegible] ich nimer

Leben der Familie, so mancher wäre gewillt gewesen, im Schritt innezuhalten, um die von der tiefstehenden Abendsonne beleuchtete Landschaft in besinnlicher Ruhe betrachten zu können. Doch die Zeit drängte, und die Bauersleute waren heilfroh, nach dem Fußmarsch durch das freie Gelände der Weinberge endlich den schützenden Waldgürtel erreicht zu haben. Noch einmal drehten sie sich um, sahen hinunter in die weite Pannonische Tiefebene, und während sie noch auf die schier endlos scheinende Kolonne der Flüchtlinge blickten, war es ihnen, als würden sie in einiger Entfernung bereits Geschützfeuer vernehmen. Manche von ihnen meinten, die Detonationen würden aus dem Ungarischen kommen, andere wiederum glaubten, aus der Gegend um Wiener Neustadt. Da die Frauen zum Weitergehen drängten, brachen die Bauern ihr Streitgespräch ab, um wenig später, während des Aufstieges in den Brunngraben, über die Entfernung der Explosionen lauthals weiterzudiskutieren. Erst die Ermahnung eines alten Hufschmieds brachte sie dazu, den Ernst der Lage zu erkennen und ihr geschwätziges und sinnloses Gespräch einzustellen. Bald darauf erreichte die erste Gruppe das Höhlenportal und half den Nachkommenden, ihre Habseligkeiten in das Innere des Felsenraumes zu verfrachten. Jeder half jedem, und so gelang es, daß kurz nach Einbruch der Dämmerung der letzte Flüchtling einen

Zahlreiche Menschen wurden von den Türken gefangengenommen und in die Sklaverei verkauft. Nur wenigen gelang die Flucht.

trockenen Platz in der weitläufigen Höhle zugewiesen bekam, wobei die Frauen und Kinder den rückwärtigen Teil für sich in Anspruch nehmen durften, während sich die Männer im vorderen Bereich in der Nähe des Eingangs einen Platz aussuchten. Draußen brach nun vollends die Dunkelheit herein, und obwohl einige aufgrund der Ereignisse in schweren Gedanken versunken waren, war es vielen von ihnen doch vergönnt, in einen tranceähnlichen Zustand zu versinken.

Wir sind jetzt an einer Stelle im Leben der etwa vierzig Sooßer Bauersleute angelangt, an der man in der Erzählung von weiteren Einzelheiten ihres Erdendaseins im wesentlichen Abstand nehmen kann. Die folgenden zwei Tage vergingen mit dem Heilen kleiner Blessuren und mit dem Versuch, aus der weit entfernten Quelle reines Wasser zu holen. Alle Überlegungen, Gebete und Hoffnungen der Flüchtlinge sollten jedoch fruchtlos bleiben. Es geschah am dritten Tage nach ihrer Flucht aus Sooß, als ein versprengter Trupp Akindschi in die Nähe ihres Versteckes kamen. Einer der Männer, die am Höhleneingang die umliegende Gegend ständig kontrolliert hatten, warnte zwar noch rechtzeitig die unmittelbar hinter ihm stehenden Freunde, doch gerade in diesem Augenblick begann eines der Kleinkinder im hintersten Winkel der Höhle zu weinen. Für die Akindschi war der Laut des Kindes zugleich das Zeichen zum Angriff. In unbeholfener Weise versuchten die entdeckten Bauern zwar den Angriff noch abzuwehren, doch gegen die kampferprobten Türken scheiterte dieser Versuch kläglich. Das Massaker unter den verzweifelt schreienden Menschen dauerte nur kurze Zeit, und während noch die Muslime begannen, die tödlich Verwundeten mit den Füßen beiseite zu stoßen, um an ihre Habseligkeiten zu gelangen, erstarb auch das letzte Wimmern und Stöhnen innerhalb der Felswände.

Wie verbrannte Kleidungsreste, eine Kinderrassel und einige andere Gegenstände, die man bei einer Grabung im Jahre 1880 gefunden hat, vermuten lassen, dürfte die türkische Streifschar kurz vor dem Verlassen der Höhle diese noch in Brand gesteckt haben. Die Bauern aus Sooß waren auch nicht die einzigen, die in einem Versteck ihr Leben lassen mußten. Wie aus Berichten bekannt ist, erlitten im Umland von Wien Hunderte von Menschen ein ähnliches Schicksal. Einzelschicksale gerieten dabei oft in Vergessenheit, nur die Plätze und Orte, an denen der Verlust einer größeren Anzahl von Menschen zu beklagen war, fanden Eingang in die Welt der Sagen und Legenden oder hinterließen Spuren in alten Flurnamen. Eine dieser markanten Bezeichnungen befindet sich an der Peripherie des Tullnerfeldes, südlich der Katastralgemeinde Tulbing. Hier an den steilen Hängen des Wienerwaldes, zwischen der kleinen Ortschaft Katzelsdorf und der etwas weiter entfernten Kartause Mauerbach, beginnt ein tiefeingeschnittenes Tal, daß noch heute den bezeichnenden Namen „Jammertal“ trägt.

Schon viele Tage, bevor noch die ersten türkischen Reiter in den Wienerwald vorstießen, überlegten die Einwohner der hier befindlichen Dörfer, wie sie Leib und Gut in Sicherheit

Bogenschütze und Sipahi mit Gefangenen (oben), Reiterkrieger und Kamelreiter (unten). Kolorierte Federlithographien von Hans Guldenmundt (ca. 1490–1560)

bringen könnten. Da es für die meisten Bauern undenkbar war, ihre Höfe zu verlassen und sich den Kleinadeligen und gutsituierten Bürgern anzuschließen, die in kleineren Gruppen ihr Heil in der Flucht donauaufwärts suchten, zogen es viele vor, in den dichten Wäldern des nördlichen Wienerwaldkammes ein Versteck ausfindig zu machen. Ein Platz, der sich dafür geradezu anbot, war der Finstergraben. Seinen Namen hat dieser von der tiefeingeschnittenen Talsohle, zu der – bedingt durch die Schmalheit – kein einziger Sonnenstrahl vordringt. Da sich aber im oberen Bereich eine kleine Quelle befindet und die Leute meinten, daß ihr Verbleib nur von kurzer Dauer sein würde, einigten sie sich darauf, bei drohender Gefahr diesen uneinsehbaren Taleinschnitt aufzusuchen.

Zeitgenössische Darstellung der türkischen Greueltaten im Wienerwald. Die Zeichnung von Hans Guldenmundt dokumentiert die unglaubliche Brutalität des „Erbfeinds".

Keine drei Tage sollten vergehen, bis sie ihren Entschluß bereits in die Tat umsetzen mußten. Der Voraben hatte schon gezeigt, daß die Truppen des Sultans nicht allzuweit entfernt sein konnten. In einiger Entfernung zu ihren Anwesen sah man bereits aschgraue Rauchsäulen, die von heftigem Funkenflug begleitet wurden, gegen den Nachthimmel aufsteigen. Es schien, als würde dieser Erdenbrand auch die tiefhängende Wolkendecke zum Glühen bringen. Für die Leute galt es nun keine Zeit zu verlieren. Nur mit dem Notwendigsten versorgt, brachen sie beim Morgengrauen auf, um die ausgewählte Waldschlucht zu erreichen. Von allen Seiten sah man die Menschen dem Wald zustreben: Kranke, alte Menschen, die von ihren Angehörigen gestützt wurden, verzweifelte junge Mütter mit ihren weinenden Kindern und auch jene, denen das eigene Leben über alles ging und die an den anderen vorbeirannten, in der Hoffnung, den sichersten Fleck in dem versteckten Seitental für sich in Anspruch nehmen zu können. Alles in allem dürften an die 80 verängstigte Menschen auf den Waldeinschnitt zugeeilt sein. Doch es sollte gar nicht zu einem längeren Verweilen in dem engen Tal kommen. Was der Grund dafür war, daß just in dieser Abgeschiedenheit die „Renner und Brenner“ sowie einige Janitscharen aufgetaucht sind, darüber gibt es keine verläßliche Quelle. Einigen wenigen Menschen gelang jedoch die Flucht, und ihren Angaben zufolge muß es zu ganz abscheulichen Szenen gekommen sein.

Als die Türken der Christen ansichtig wurden, sollen sie mit unglaublicher Brutalität auf die Wehrlosen eingeschlagen haben. Einige junge Bauern, die sich noch am Taleingang aufgehalten hatten, machten sie mit ihren Säbeln nieder, über die Alten und Schwachen, die sich am Waldboden zusammengekauert hatten, stiegen sie einfach hinweg und erschlugen sie mit der kurzen Kampfaxt. Einigen, die über die steilen Hänge zu entkommen versuchten, setzten sie mit katzenhafter Wendigkeit nach, packten sie und schleuderten sie wieder ins Getümmel zurück. Ein junger Geistlicher aus der Kartause Mauerbach rappelte sich dabei nochmals hoch, strauchelte, kam nochmals hoch und versuchte sich an einer herabhängenden Wurzel hochzuziehen. Zwei Janitscharen setzten ihm nach, und ehe der Kartäuser die Hangkante erreicht hatte, durchzuckte Damaszenerstahl seinen Leib.

Lange hielten sich die Türken in dem dunklen Seitental nicht auf. Auch hier war es so wie an den vielen anderen Orten: Nachdem sie die Sterbenden und Toten nach Wertsachen durchsucht hatten, wendeten sie ihre Pferde und ritten von der Stätte ihrer Gewalttat. Seit dieser Zeit heißt der Graben nahe Tulbing Jammertal.

Am Rande eines prähistorischen Gebirgsrandweges durch das Wiener Becken, der etwa dem heutigen Straßenverlauf zwischen Wien und Bad Fischau entspricht, liegt die einstige Herzogstadt Mödling. Erstmals erwähnt als Medilikka in einem Vertrag, abgeschlossen zwischen dem Bischof Burchard von Passau und seinem Chorbischof Madalwin im Jahre 903 auf einer Synode in der Stephanskirche zu Passau, gehört Mödling somit zu den ältesten Städten Österreichs. Daß die Gegend in alter Zeit bereits stark besiedelt war, läßt sich an den mannigfaltigsten Spuren prähistorischen Lebens erkennen.

Der alte Weg hinauf zur einstigen Kultstatte. Das eigentliche Zentrum, ein etwa 10 m hohes Felsgebilde, wurde früher auch „Pfennigstein" genannt.

Im Westen, in unmittelbarer Nähe der Stadt, erhebt sich der 351 m hohe Kalenderberg, auf dessen Hochfläche schon vor etwa 2500 Jahren reges Dorfleben herrschte. Heute noch umgeben die Reste eines hallstattzeitlichen Verteidigungswalles die Randzonen der Siedlungsfläche. Spuren urzeitlichen Lebens finden sich auch am südlich angrenzenden Kalkmassiv, dem Frauenberg. Keramikscherben von reich verzierten Töpfen und Schalen bedecken stellenweise den Waldboden und deuten auf eine Ansiedlung hin, die sich weit vor unserer Zeitrechnung hier befand. Spuren ihres Daseins hinterließen auch die Awaren, jenes geheimnisvolle Reitervolk aus den weiten Steppen am Kaukasus, das um das Jahr 570 im pannonischen Raum ein Reich gründete und durch Karl den Großen im 8. Jahrhundert besiegt wurde. Als im Jahre 1968 am östlichen Abhang des Frauensteins die Fundamente für einige Wohnhäuser ausgehoben wurden, stießen die Bauarbeiter auf ein großes awarisches Gräberfeld mit bedeutenden Fundgegenständen, darunter auch zwei vergoldete Verschlußscheiben, die als Mantelschließen Verwendung gefunden hatten. Auf ihnen finden sich die Abbildungen zweier awarischer Krieger mit abgesteppter Kleidung und gespanntem Reflexbogen. Hinweise auf die awarische Glaubenswelt wurden jedoch in keinem der rund 500 geöffneten Grabschächte gefunden.

Auch das Fundmaterial von den weitaus älteren Siedlungsplätzen auf den beiden Hochflächen läßt keine Rückschlüsse auf den Glauben der alten Völker zu. Daß

Das Durchschlupfloch im Matterhörndl. Im Volksglauben bewirkte ein Durchkriechen dieser Öffnung das Abstreifen von Krankheiten. Die heilende Kraft des Steins schrieb man diversen Naturgottheiten zu.

diese Idole hatten, an Zauberei glaubten oder ihre Gottheiten in der Natur suchten, dafür gibt es andernorts jedoch genug Beweise, und eine dieser geheimnisvollen Kultstätten befindet sich auch in unmittelbarer Nähe der alten Ansiedlungen. Gemeint ist damit das Matterhörndl, früher auch „Pfennigstein" genannt, ein ca. 10 Meter hohes Felsgebilde südlich vom Gipfel des Kleinen Anningers nahe der Ortschaft Hinterbrühl. Gekennzeichnet ist der freistehende Felsblock durch einen gewaltigen, mannshohen Spalt, dessen Entstehung bis heute Rätsel aufgibt. Für die Bevölkerung hatte dieser „Durchkriechstein" immer schon eine besondere Bedeutung. Hieß es doch, daß diejenigen, die Hand an den seltsamen Monolithen legten oder durch den Spalt krochen, von den verschiedensten Leiden erlöst würden – ein Glaube, der auf uralten mündlichen Überlieferungen fußt. Viele Völker aus vorchristlicher Zeit waren überzeugt, Krankheiten auf Steine, durch welche man kroch, „transferieren" zu können. Die positive Wirkkraft, die von den Steinen ausging, schrieb man den Göttern zu. Durch

Jene Stelle im Wald, in deren Nähe die Reste reichverzierter Keramik aus prähistorischer Zeit gefunden wurden
Nächste Seite: Entwurzelter Baumriese. Durch das Aufreißen der Walddecke finden sich oft Hinweise auf das Geschehen in vergangenen Zeiten.

das Beseeltsein des Steines mit göttlicher Kraft, so dachten die Menschen, konnte Linderung oder Heilung möglich werden. Die Kräfte des Felsens konnten aber auch das Gegenteil bewirken: Waren die Götter erbost oder hatte der Kranke schwere Schuld auf sich geladen, konnte sich das Leiden verschlimmern oder gar zum Tod führen. Die Hilfesuchenden waren daher stets bemüht, den Gottheiten oder den Astralwesen Verstorbener an solchen Plätzen reichlich Opfergaben zu hinterlassen. Auch in der Nähe des Matterhörndl dürfte es zu solchen Ritualen gekommen sein. Kaum einen Steinwurf von diesem Felsmonument entfernt, dort, wo der Wald zum Kiental abbricht, entwurzelte im Jahre 1918 ein starker Sturm mehrere alte Föhren. Als sich einige Holzfäller daranmachten, die umgestürzten Bäume fortzuschaffen, entdeckten sie im Erdreich einiger Wurzelballen mehrere Schalen und Krüge mit eigenartigen Verzierungen. Da die Tongefäße „alt“ aussahen und überdies an den verschiedensten Stellen ausgebrochen waren, widmeten sie ihrem Fund keine weitere Beachtung. Selbst als einige

Knochen zum Vorschein kamen, zollten sie ihrer Entdeckung noch wenig Aufmerksamkeit. Erst Jahre später, als einer von ihnen mit dem Badener Heimatforscher Gustav Calliano zusammentraf, berichtete er von den sonderbaren Funden. Bis auf einige kleine Bruchstücke der einst im Boden verborgenen Keramik, die Calliano später noch an der Erdoberfläche vorfand, waren jedoch keine weiteren Beweise menschlicher Kultur erhalten geblieben. Einmal dem schützenden Erdreich entrissen, dauerte es nur kurze Zeit, bis Sonne, Wind und Regen ihr Zerstörungswerk vollendet hatten.

Was sich erhalten hat und jene Menschen, die sich mit okkulten Vorgängen befassen, in den Bann zieht, sind die Reste einer alten ringförmigen Steinsetzung. Teils in den Waldboden versunken, liegt rund um den aufgerichteten Felsen eine Anzahl von kleineren Kalksteinbrocken.

Betrachtet man die Lage der Steine genauer, so fällt auf, daß die Art und Form, wie die Steine gesetzt wurden, dem Grundriß eines Pentagramms gleichkommt. An den Eckpunkten dieses eindrucksvollen Fünfsterns läßt sich sogar der Lauf der Himmelsgestirne bei der Sonnenwende nachvollziehen, wobei auch die Himmelsrichtungen angedeutet werden. Das Zeichen des Pentagramms reicht bis weit in die Tiefe der Urzeit zurück und dient(e) zum Vertreiben diverser Geister.

Es wäre daher nicht verwunderlich, wenn gerade an dieser Stelle der Drudenfuß um den mysteriösen Felsen gelegt worden wäre. Um das Matterhörndl selbst und seine unmittelbare Umgebung ranken sich natürlich eine große Zahl an Sagen und Legenden.

Eine der frühesten Erzählungen stammt aus der Feder des Literaten Adolf Schmidl. In seinem 1839 erschienenen Buch *Wien's Umgebung auf zwanzig Stunden im Umkreise* berichtet der Autor von einem schrecklichen Eifersuchtsdrama, das sich in der dunklen Zeit des Mittelalters in der Nähe des heutigen Matterhörndl ereignet haben soll.

Inhalt der Geschichte ist die angebliche Untreue einer holden, jugendlichen Rittersfrau und die unmittelbar darauffolgende Rache des erzürnten Gatten: Der vor Eifersucht Rasende gewährt in seinem Rachewahn „jedwedem" den Besitz seiner einstig Angetrauten um einen Pfennig. Erst am Totenbett gesteht ihm sein brüderlicher Freund und Waffengefährte, die verleumderische Behauptung in die Welt gesetzt zu haben, um selbst der schönen jungen Frau nähertreten zu können. Zur Sühne für sein unüberlegtes und voreiliges Handeln und zur ewigen Erinnerung an seine schuldlose Gattin soll, laut Sage, der reumütige Rittersmann in der Nähe des geteilten Felsblockes ein Kloster errichtet haben, von dem sich begreiflicherweise keine Spuren mehr erhalten haben.

Das Volk, die Moritat verstehend und dem tieferen Sinn nicht abgeneigt, nannte daher den Felsen bis um die Mitte des 19. Jahrhunderts den „Pfennigstein".

Viele der unzähligen Sagen und Legenden, die von Generation zu Generation weitererzählt werden und somit der Nachwelt erhalten geblieben sind, verweisen in ihren Kernaussagen oft auf uralte Begebenheiten. Meist waren es verfallene Burganlagen, unheimliche Richtstätten, rätselhafte Quellen oder ganz einfach nur unnatürliche Felsformationen, die die Phantasie der Menschen beflügelten. Aber auch Orte, an denen Vorgänge beobachtet wurden, die mit dem menschlichen Verstand nicht erklärbar waren, fanden Eingang in den faszinierenden Sagenkreis rund um den Wienerwald. Eine dieser „mystischen“ Landschaften, in denen sich Wirklichkeit und Fiktion vermischen, liegt am Eingang des Helenentales, westlich der Stadt Baden. Dort, wo das schwefelhaltige Wasser der Schwechat die dunkelgrünen Fluren des südlichen Wienerwaldes verläßt, wo auf engstem Raum einst die mittelalterlichen Burgen Rauheneck, Rauhenstein und Scharfeneck die schroffen Bergflanken absicherten und das Felsmassiv des gewaltigen Urtelsteins sich im ewig fließenden Wasser wiederspiegelt, war auch der Nährboden für übernatürliche Wahrnehmungen, für die Herausbildung einer Aura aus Magie und Mystik. An merkwürdigen Vorfällen und geheimnisvollen Rätseln mangelt es in diesem Teil der Landschaft, wo jeder Fußbreit prähistorischer Siedlungsboden ist, wahrlich nicht. Noch am Beginn des 19. Jahrhunderts vermieden es die Leute, zur nächtlichen Stunde die Straße durch das Helenental zu befahren. Zu groß war die Angst vor einer Begegnung mit den gefürchteten Wiedergängern, jenen Toten aus dem Reich der ewigen Dunkelheit, welche in der Nähe ihrer Verbrechen herumirren und auf weitere Opfer warten. Oder vor gespenstischen Gestalten und Geisterwesen, die, aus welchen Gründen auch immer, nicht ins Jenseits gelangt sind und an den Stätten ihres einstigen irdischen Daseins verharren müssen, bis sie durch Erlösung ihren ewigen Frieden zu finden vermögen.

Einst wild umkämpfte Festung am Eingang zum Helenental: die Burg Rauhenstein (linke Seite: Aquarell von Gustav Schwartz von Mohrenstern), heute ein Ort der Ruhe und Besinnlichkeit

Daß viele der Erschlagenen, Eingemauerten, Verunglückten, aber auch Mörder nach ihrem Tode gefährlich sein können, war und

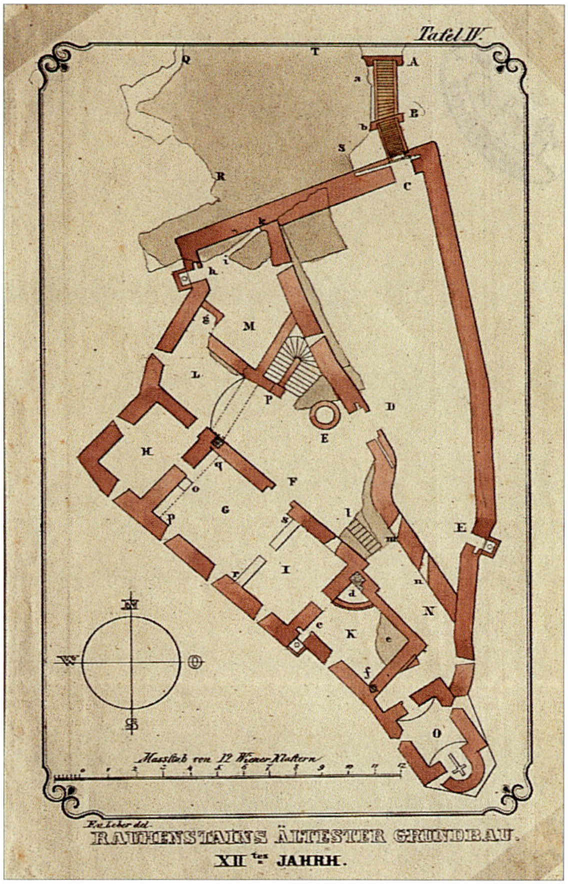

Plan der alten Grundmauern Rauhensteins (links), rechts eine Darstellung der Ruine aus der Biedermeierzeit nach einer Zeichnung des Malers Jakob Alt

ist zum Teil noch eine durchaus verbreitete Ansicht. Und in so mancher Überlieferung ist auch der Grund angedeutet, warum die unheimlichen Toten zu nächtlicher Stunde ihr Unwesen treiben. Wie zum Beispiel bei den drei ältesten steinernen Bauwerken im Helenental. Burg Rauheneck als vermutlicher Stammsitz der Tursonen, 1137 erstmals urkundlich erwähnt, dürfte dabei ein nicht unwesentlicher Ort für unheimliche Begegnungen sein. Erzählungen zufolge scheint eine Art von Astralkörper, ähnlich einer Geistergestalt, in dem Gemäuer sein Unwesen zu treiben. Anhaltspunkte zu dieser Vermutung liefern einige regionale Überlieferungen wie etwa die Sage vom Tod und dem Leid eines jungen Ritters und seiner unerfüllten Liebe. In Kurzform gebracht, berichtet diese Sage von einem der

Tursonen auf Rauheneck, dessen Tochter Elsbeth seit frühester Kindheit einem weitschichtigen Verwandten, dem Burgherrn auf Rauhenstein, als Gattin versprochen war. Abgestoßen von der groben Wesensart des Rauhensteiners jedoch und auf der Suche nach dem eigenen Glück, verliebte sich das Mädchen in einen jungen Ritter namens Ulrich von Gutenstein. Da aber das Wort des Vaters und seine damit verbundene Ehre zur damaligen Zeit unantastbar waren, fügte sich Elsbeth in ihr Schicksal und heiratete, wenn auch widerwillig, den benachbarten Burgherrn. Ulrich von Gutenstein, von Gram und Liebesschmerz geplagt, trat, so die Sage, daraufhin in den Orden der Templer ein, um im Kampf um das Heilige Land seine Schwermut zu vergessen. Aber sosehr sich der junge Ritter auch bemühte, seine Gedanken von der Geliebten loszulösen, es wollte nicht gelingen. So suchte er immer heftigere Gefechte mit den türkischen Seldschuken, und bedurfte es eines Mannes für besonders gefährliche Aufträge, dann war es Ulrich von Gutenstein, der als erster zum Schwert griff und für den christlichen Glauben eintrat.

Ruine Scharfeneck – nur spärliche Reste der alten Bruchsteinmauer zeugen noch von der einstigen Macht des Ministerialengeschlechts der Tursonen. Gemeinsam mit Rauheneck und Rauhenstein bildete Scharfeneck einen beinahe unüberwindbaren Sperriegel.

Monate vergingen und dem jugendlichen Recken eilte bereits der Ruf der Unverwundbarkeit voraus, als mit einem Male auch bei ihm der Tod vorstellig wurde.

In einem eher unbedeutenden Gefecht mit muslimischen Wegelagerern traf ihn aus dem Hinterhalt ein derart gewaltiger Schwertstreich, daß das Kettenhemd unter dem ehemals hellen Überwurf mit dem roten Templerkreuz weit auseinanderklaffte. Mit einem eher überraschten Gesichtsausdruck, der aber keinen Schmerz erkennen ließ, wie die Waffenknechte später erzählten, sei der Ritter in den Wüstensand gesunken. Ulrich von

DAS BLUTKREUZ AM URTEILSTEIN

Die Klosterherren, welche in alter Zeit auf der Burg Scharfeneck im Helenentale ihren Sitz hatten, wurden angedichteter Verbrechen halber unschuldig angeklagt, gemartert und schließlich heimlich in einer mondlosen Nacht am Urteilsteine *hingerichtet. Und als man gar den Klosterherren nicht einmal ein Grab gab, sondern ihre Leichen von dem Urteilsteine in die Schwechat warf, da geschah ein Wunder. Die Leichen der alten Klosterherren, die vielleicht nicht ganz unschuldig, trugen die Wellen des Flusses sofort weg, aber die Leiche des „jüngsten" der Klosterherren, der gewiß ganz unschuldig gewesen, versank weiß wie sein Kleid mit dem roten Kreuze in dem Wasser des Urteilsteines in unergründbarer Tiefe. Wenn aber jemals im Laufe der langen Jahre ein unglückliches Liebespaar, verzagend auf göttliche oder menschliche Hilfe, mit unheimlichen Absichten den verrufenen und viel verfluchten Urteilstein erstiegen und dort verzweifelnd, bis Sonnenuntergang, von dem zerklüfteten Felsen zu der drohenden und lockenden Tiefe des Wassers blickte, da tauchte in der schwarzen Flut glühend das* blutrote Kreuz, *das der jüngste der Klosterherren getragen und eine* warnende Hand *empor und scheuchte immer die Menschen vor einer Tat, die auch ihnen das ehrliche Begräbnis verweigern würde. Seit dieser Zeit wuchs an der Seite des Felsens, wo man die Leichen in den Fluß warf, fortan die deutsche Schwertlilie, und der Urteilstein ist noch heute der einzige Standort in der ganzen Umgebung, wo man die Iris germanica noch wildwachsend vorfindet.*

Eine der Sagen um den Urteilstein in der Fassung des Badener Heimatforschers Carl Calliano

Gutenstein dürfte sich seiner tödlichen Verwundung durchaus bewußt gewesen sein, denn noch während sich einige Kampfgefährten um ihn kümmerten, befahl er seinem Knappen, er solle ihm, unmittelbar nach dem Tode, das Herz entfernen und als Beweis seiner unerloschenen Liebe Elsbeth überbringen.

Über vier Monate brauchte der treue Knappe mit dem in einer silbernen Reliquienkapsel verschlossenen und einbalsamierten Herz, um in die Heimat zu kommen und den letzten Auftrag seines Herrn zu erfüllen. Nun galt es das kostbare Gut noch unbemerkt in die Obhut der Burgherrin zu bringen. Doch das Schicksal entschied abermals anders: Just in dem Augenblick, als der Knappe einen schmalen Hohlweg vor der Burg Rauhenstein erreicht hatte, sprengte eine Schar Reiter heran. Er versuchte zwar noch, sich mit einem Sprung in das nahe Dickicht zu retten, doch gerade dieser Versuch kam den Herannahenden verdächtig vor. Nach einem kurzen Handgemenge wurde der Unglückliche gebunden und in die Burg gebracht, wobei bei der darauffolgenden Untersuchung auch der Behälter mit dem Herzen gefunden wurde. Das qualvolle

Vorhergehende Doppelseite: Der sagenumwobene Urtelstein, auf dem es der Legende nach zu dem grausamen Verbrechen an den Tempelrittern kam. Links oben: Der Durchgang auf der Burg Rauheneck, an dem es im 19. Jahrhundert zu unerklärbaren Erscheinungen gekommen sein soll. Rechts das Tor zum mittleren Hof, das letzte Bollwerk auf dem Weg ins Burginnere

Verhör unter der Folter ließ dem treuen Knappen schlußendlich keine andere Wahl, als den Schergen des Rauhensteiners die volle Wahrheit über die Silberkapsel zu gestehen. Tief entzürnt über die Aussage des Gefangenen, soll sich der Burgherr zu einer unmenschlichen Tat entschlossen haben. Der Eifersucht verfallen und in unbändigem Haß auf seinen alten Rivalen, ließ er, laut Überlieferung, Ulrichs Herz zerteilen und unter einen Teil der Speisen mischen, um sie wenig später bei der Tafel zu reichen. Doch kaum hatte Elsbeth den ersten Bissen davon gegessen, enthüllte der Rauhensteiner in einer geradezu niederträchtigen Ansprache den wahren Sachverhalt – die Folgen waren schrecklich: Elsbeth, die

„Die Königshöhle bei Baden". Kolorierter Stich von W. F. Schlotterbeck, um 1801

Tochter des Rauheneckers, verstarb nach neun Tagen seelischen Schmerzes, den Rauhensteiner hingegen fanden die Waffenknechte eines Morgens mit umgedrehtem Kopf in seiner Kammer liegen. Geraume Zeit danach soll der Rauhensteiner als Untoter noch mehrmals erschienen sein. Einige Jäger, die nächtens bei dem Gemäuer vorbeigekommen waren, berichteten, sie hätten deutlich eine schemenhafte Gestalt gesehen, die zwischen den Bäumen gestanden sei und sie beobachtet habe. Keiner von ihnen habe es bisher gewagt, der Sache auf den Grund zu gehen.

Soweit die Geschichte aus der Sicht der Volkserzählung. Doch betrachten wir, wenn auch etwas oberflächlich, die historische Seite, um dem Kern der Sage auf den Grund zu gehen: In der Erzählung wird berichtet, daß ein Turse auf Rauheneck seine Tochter Elsbeth einem verwandten Burgherrn, eben jenem von Rauhenstein, zur Frau gab. Nach Ansicht ernstzunehmender Historiker ist dieser Hinweis be-

DÜSTERE ZEITEN

Nachdem die Badener Ritter lange Jahrhunderte hindurch ein Segen und Schutz für die Bürger und Bauern der Umgebung gewesen waren, machte sich mit dem allgemeinen Verfall des Rittertums auch hier Raubritterei und anderes Unwesen breit.

Auf der Feste Scharfeneck war ein Hauptsitz des geheimen Fehmgerichts – nur vermummte Gestalten sah man aus- und eingehen. Um ihren dunklen Geschäften noch heimlicher nachgehen zu können, gab es unterirdische Gänge von Scharfeneck zu den Burgen Rauheneck und Rauhenstein, ja sogar bis zur Feste Rohr, weit draußen beim Eichwald, und zur Schelmenhöhle bei Sooß; und von Rauheneck ging gar ein weiter Gang zur Burg Merkenstein. Wenn aber jemand nur das geringste über die Geheimnisse dieser Gesellschaft ausplauderte, riß man ihm erbarmungslos die Zunge aus und hängte ihn sieben Schuh hoch über dem Erdboden auf. In Scharfeneck wurden so die meineidigen und ausgestoßenen Brüder Idunsbeugen gefangengehalten und zum Hungertod verurteilt.

Zwischen den Festen Rauheneck und Rauhenstein sperrte eine goldene Kette das Helenental. Blieb ein durchziehender Kaufmann oder ein frommer Pilger staunend vor diesem wunderlichen Hindernis stehen, so stürzte sich schon einer der Burgherren mit seinem Gesinde auf den Fremden. Er wurde auf die Burg geschleppt und geplündert. Klagte er dann in bewegten Worten, daß er doch etwas zum Überleben brauche, so heuchelte der Burgherr Erbarmen und nahm ihm nicht alles weg. Aber das Mitleid war trügerisch, denn kaum war der Unglückliche wieder im Tal angekommen, fielen schon die Raubgesellen der anderen Burg über ihn her. So mancher, der im vierspännigen Wagen hergekommen war, zog als Bettler wieder ab und mußte froh sein, wenn ihm ein mildtätiger Badener ein Stückchen Brot reichte. Aber auch den Raubrittern selbst brachte ihre Roheit kein Glück, denn schließlich kam es so weit, daß ein Rauhenecker bei einem Streit seinen eigenen Bruder erschlug. Eine Denksäule nahe bei Sooß erinnert noch heute an diese grausige Bluttat.

Der Ritter von Rauhenstein aber plünderte mit seinem Freund, dem mörderischen Ritter Kilian von der Teufelsmühle am Wienerberg, so lange die Reisenden, bis er geächtet wurde, in die Berge fliehen mußte und schließlich beim Sturz von einer steilen Felswand das verdiente Ende fand.

Aus: Der Schwefelmann. Das Badener Sagenbuch. Gesammelt und nacherzählt von Rudolf Maurer. Baden 1997

„Die Ruine Rauheneck bei Baden". Aquarell von Anton Köpp von Felsenthal, um 1800

gründet: Sämtliche Burgen am Beginn des Helenentales, die Rauheneck, die Rauhenstein sowie die kleinräumige Scharfeneck, dürften auf eine Gründung zurückgehen, ihre Erbauer aus dem Ministerialengeschlecht der Tursonen gekommen sein und daher in enger Verwandtschaft zueinander gestanden haben. Auch der Name Elsbeth von Rauhenstein ist urkundlich belegt, wenngleich nicht in einer Liebesaffäre mit Ulrich von Gutenstein. Dafür war die historische Elsbeth nachweislich mit zwei anderen Ulrichen verheiratet. In erster Ehe mit Ulrich von Pillichdorf, der 1282 gestorben ist, und in zweiter Ehe mit Ulrich von Chapell. Ihr belegter Sterbetag war der 23. November 1300. Zufälle oder vom Volksmund überlieferte Tatsachen? Die bisher gefundenen Originalurkunden und Aufzeichnungen lassen jedenfalls keine verläßlichen Schlüsse zu. Einzig und allein ein Nachtwächter namens Guttenbrunner wollte diesem Phänomen auf die Spur kommen. Und so unvorstellbar die

Tatsache auch ist: Der Nachtwächter Guttenbrunner wurde am 16. April 1945 erschlagen und mit verrenktem Kopf im Brunnenschacht der halbverfallenen Burg gefunden.

Nicht weniger rätselhaft als die gespensterhafte Erscheinung in der Nähe der Mauerreste von Rauhenstein sind die jahrhundertelangen Wahrnehmungen auf dem Urtelstein (auch „Urteilstein“) inmitten des Burgendreiecks. Weit hineinragend in das Flußbett der Schwechat, soll der Felsen einstmals als Richtstätte gedient haben. Und darüber gibt es folgende Überlieferung: Als die Templerverfolgung am Beginn des 13. Jahrhunderts ihrem Höhepunkt zuging, sollen sich auf Burg Scharfeneck am gegenüberliegenden Flußufer einige der Ordensritter versteckt gehalten haben. Die Templer, wie sie landläufig genannt wurden, hatten alten Berichten zufolge einige Besitzungen entlang der Schwechat, und ein Seyfried Turso soll bereits im Jahre 1160 einer der führenden Tempelritter des Landes gewesen sein. Drei Jahre vor der Bestätigung des Ordens durch Papst Alexander III.!

Daß die Templer später in Verruf kamen, lag nicht zuletzt in dem Glauben begründet, die Kriegermönche mit den weißen Mänteln und dem roten Kreuz könnten durch ihr geheimes Wissen um okkulte Kräfte die bestehende Weltordnung in ein Chaos stürzen. Einige der gekrönten Häupter Europas setzten daher ihre ganze Macht und ihren Einfluß ein, um dieser sektenähnlichen Ritterschaft habhaft zu werden. Nach einigen alten Schriften zu schließen, sollen es sieben Ordensleute gewesen sein, die von ihren Gegnern in einer mondlosen Nacht heimlich auf den Urtelstein gebracht und grausam hingerichtet wurden. Weiters wird berichtet, daß die Mörder, um ihre ruchlose Tat zu verschleiern, die entseelten Körper über den Felsabhang in das Wasser der Schwechat warfen. Dabei muß es zu einer besonders schaurigen Szene gekommen sein. Einer von den Templern dürfte nämlich noch einmal für kurze Zeit zu Bewußtsein gekommen sein. Denn während die übrigen sechs Glaubensritter von den Fluten schnell abgetrieben wurden, sahen einige der Schergen, wie sich dieser eine Templer am Flußgrund verzweifelt festhielt. Der Anblick der sterbenden Gestalt im Wasser dürfte für die gedungenen Mörder nicht nur unerträglich gewesen sein, er war vielleicht auch ein Grund dafür, daß der Mord an den Tempelrittern der Nachwelt, auf welchen Wegen auch immer, erhalten geblieben ist. „Totenkopfmais“ ist sogar die offizielle Bezeichnung für eine Waldried nördlich des Urtelsteines. Und noch heute gilt bei manchen älteren Menschen die Stelle am Absturz des Felsenmassivs zur Schwechat als unheimlicher Ort.

Burg Merkenstein und die Katastrophe von 1683

Merkenstein – ein Zentrum der Macht im südlichen Wienerwald, der Schauplatz menschlicher Tragödien

Es gibt wohl kaum eine andere mittelalterliche Burg in Österreich, deren Schicksal so genau überliefert wurde wie jenes von Merkenstein. 1141 erstmals urkundlich erwähnt, war die Festung im Besitz der Babenberger, nachdem diese ihre „Mark im Osten" gegen die Magyaren abgesichert hatten. Das bairische Adelsgeschlecht der Babenberger, ursprünglich von Kaiser Otto II. mit der Mark belehnt, setzte seinerseits Lehensleute – sogenannte Ministeriale – in den eroberten Gebieten ein. Als einer der ersten Herren auf der Festung scheint in der Handschrift *Notitia universalis monasterii S. crucis* erstmals ein Hugo von Merkenstein als Zeuge in den Annalen auf. Doch schon kurze Zeit später, im Jahre 1180, wie es scheint, ziehen Rachsucht und meuchlerisches Denken in die Gemäuer ein. Ein Graf Sigboto von Hademarsperch, so berichtet uns eine Niederschrift aus dem Falkensteiner Codex, drängte in einem Schreiben den Lehensmann Ortwin „de Merchenstein" zu einer grauenhaften Tat. Dieser kulturgeschichtlich interessante Brief beginnt mit folgenden Worten: „Siboto Graf von Hademarsperch sendet O(rtwin?), seinem hochgeschätzten Manne von Merkenstein, Gruß, alles Gute und stets solches dem Freunde. Wenn Ihr den Befehl, den ich geheim erteile, in Treue ausführt, will ich Euch alles tun, was Euch lieb ist. Wenn Ihr meinen Feind, den Rudolf von Piesting, der mich belästigt, niederwerft, aber so, daß Ihr und ich nicht dadurch der Kirchenbuße verfallen, dann mache ich Euch alles, was Ihr wollt. Ich trete Euch daher das Gut ab, das von der Quelle des Panzenbaches, der nördlich von Gutenstein auf der Matzingsthaler Höhe entspringt, bis zu seiner Mündung in die Piesting reicht. Dies mein Wort und Auftrag, mög' es noch vor St. Michel geschehen. Sieh' zu, daß er wenigstens des Augenlichtes beraubt werde, um weder uns noch sich selbst sehen zu können, das muß unser fester Entschluß sein. Wenn das aber nicht geschieht, bitte ich, soll es gleichsam im Herzen begraben sein." Wie diese Verschwörung endete, wurde uns leider nicht überliefert, sie zeigt uns allerdings den sozialen Stand der Merkensteiner. Siboto, der Rädelsführer, war ein *comes,* das bedeutet, er war adeliger Abstammung. Der Merkensteiner allerdings sowie seine Nachkommen waren einfache *miles,* weisungsgebundene Lehensritter, und standen daher im gewissen Maße in einem Abhängigkeitsverhältnis. In verschiedensten Urkunden des Hochmittelalters scheinen die Merkensteiner immer wieder als Zeugen auf, und zwar bis zum Jahre 1314, als ein gewisser Ulrich mit seiner Gemahlin Gisela den Stammsitz der Familie an Otto von Gerlos abtreten mußte. Für „Ortuuinus, ULRICUS, Wichardus de Merchenstein“ sollte es dann noch schlimmer kommen: Als Gefolgsmann der Habsburger geriet er mit seinem König Friedrich dem Schönen in der Schlacht von Mühlberg (28. September 1322) in die Hände von dessen Widersacher Ludwig von Bayern. Um sich aus der Gefangenschaft freizukaufen, bedurfte es einer hohen Summe. Ulrich, einst stolzer Besitzer der Festung, endete am Bettelstab. Die Burganlage wechselte in der Folgezeit mehrere Male ihren Besitzer, Zufriedenheit und Glück konnte in den grauen Mauern keiner der neuen Herren finden. Im Gegenteil, schon zu Beginn des 15. Jahrhunderts gehörte das Bollwerk wieder zu den heißumkämpftesten Burgen. In jener Zeit rankten sich schon die ersten Sagen um das Mauerwerk. Der Teufel, so sagte man, habe von der Burg Besitz ergriffen. Anlaß zu dieser Vermutung gab die Auseinandersetzung zwischen dem damaligen Burgherrn, Johann von Hohenberg, der sich auf die Seite des Ungarnkönigs Matthias Corvinus gestellt hatte, und Kaiser Friedrich III. In der Folge diente die Festung den ungarischen Söldnern als Stützpunkt, um das umliegende Land brandzuschatzen. Kaiser Friedrich III. gab daraufhin den Befehl, Merkenstein zu erstürmen, doch so oft auch die Kaiserlichen gegen die Mauern anstürmten, die Festung blieb in ungarischer Hand. Im April 1482 kam es schließlich zum entscheidenden Vorfall: Die deutschen Geschützführer, sonst wahre Meister ihres Faches, brachten es nicht

„Der Aufgang zur Ruine Merkenstein“. Darstellung aus dem Jahre 1862, Sammlung Baumgartner

Merkenstein gehörte zu den imposantesten Bauwerken des Wienerwaldes. Mächtige Deckenkonstruktionen überspannen noch heute einzelne Mauerelemente. Nachfolgende Doppelseite: Der Eingang zum 1794 errichteten und 1844 umgebauten Sommerschloß. Bei diesen Restaurierungsarbeiten legte sich am hellichten Tag Nebel über die Baustelle. Nach Angaben der Arbeiter zeigten sich schwebende Gestalten just an der Stelle, wo 1684 die Leichenreste begraben wurden.

zuwege, ihre Kanonen ordentlich zu laden. Sämtliche „Hauptstücke", wie die damaligen Kanonen hießen, zersprangen beim Zünden der Ladung. Als die Verteidiger auch noch lebende Fische von den Zinnen warfen, um ihre gute Versorgungslage zu demonstrieren, war es mit der Kampfmoral der Belagerer vorbei. Die Söldner des Kaisers waren überzeugt, daß die Ungarn mit dem Leibhaftigen im Bunde stünden, und brachen den Angriff sofort ab.
1484, also nur zwei Jahre nach dieser denkwürdigen Belagerung, verkaufte Johann von Hohenberg sein Erbschloß in freundschaftlicher Übereinkunft an den ihm einst so feindlich gesinnten Kaiser. In den folgenden Jahren kam es zu bedeutungslosen Scharmützeln um die Burganlage, die Eigentümer wechselten. Selbst die Bedrängung durch die Türken im Jahre 1529 brachte Burg Merkenstein jedoch nicht zu Fall, für so manchen Bauern und Untertanen bedeuteten die Plünderungen durch türkische Streifscharen allerdings den wirt-

schaftlichen Ruin, wenn nicht gar den Tod. Aber die Türken sollten nicht die einzigen sein, die das Leben der Merkensteiner Bauern und Bürger zu einer einzigen Tortur werden ließen. 1542 verlieh Kaiser Ferdinand I. seinem „getreuen, lieben Franzen Fizin ... in Ansehung seiner getreuen und fleißigen Dienste" die Herrschaft Merkenstein. Der neue Burgherr Franz von Fizin entstammte einer italienischen Handelsfamilie, die zwar überaus reich begütert war, aber erst 1506 in den Adelsstand „erhoben" worden war, und zwar im wahrsten Sinne des Wortes. Der Grund für dieses Hofieren waren vermutlich die enormen Schulden, die sowohl der Kaiser als auch einige der Erzherzöge bei ihm hatten. In der Rolle des erhabenen Burggrafen drangsalierte nun Fizin die ihm unterstellte Landbevölkerung mit ausgesuchter Härte, jede Verfehlung, und handelte es sich auch nur um Geringfügigkeiten, ließ er mit körperlicher Züchtigung oder Kerker bestrafen.

1551, neun Jahre nach der „Machtübernahme" Fizins, kam es zum Aufstand, wobei die Bauern, allen voran die aus dem Furthischen und den Muggendorfer Ämtern, ihr Leid bei der Obrigkeit vorbrachten. Ungeachtet dieser Petition empörten sich einige der Bauern dermaßen, daß sie offen gegen den Burgherrn rebellierten. Die mit der Causa beauftragte Regierungsbehörde handelte „umgehend". Franz von Fizin wurde geraten, die Bestrafungen nicht allzu „herb" ausfallen zu lassen, und er möge, bei Einverständnis der Bauern, diese in eine andere Herrschaft abwandern lassen. Den Bauern wiederum wurde jegliche Unmutsäußerung und aufhetzende Tätigkeit gegen ihren Landvogt untersagt. Trotz aller Lösungsversuche kam es am 17. Juni 1565 zum Aufstand. Einige der Aufständischen – in den Gerichtsakten werden später die Namen Georg, Gratzel und Hansl, die Pleikhenstainer Geprued (Brüder) genannt – lauerten Fizin auf offener Straße auf und versuchten ihn mit vier Schüssen zu töten. Die Tat mißlang. Jetzt handelte die Regierung schnell. Nachdem bereits am 30. Juni 1565 der kaiserliche Befehl zur Ergreifung der „vicinischen Mordtätter" ergangen war, gelang es schließlich der Gerichtsbarkeit in Wiener Neustadt, der Übeltäter habhaft zu werden. 1568 wurden die Delinquenten, nachdem sie ordentlich gezüchtigt und gefoltert worden waren, dem Henker übergeben.

An dieser Stelle sei mir ein kleiner Hinweis erlaubt: Auch wenn man die rauhen Sitten des Mittelalters ins Kalkül zieht, so zeigt sich doch, daß es auf der Festung Merkenstein in besonders auffälliger Weise immer wieder zu Willkür, Rachsucht und Gewalttat gekommen ist. Nicht einmal Franz von Fizin, der unzählige Untertanen um Heim und Gut brachte, wollte diese Burg, die er als Lehen vom Kaiser erhalten hatte, als freies Eigen erwerben. Die Mär von Tod und Teufel sollte sich jedenfalls noch wie ein roter Faden durch die Geschichte der Herren von Merkenstein ziehen. Nach dem plötzlichem Ableben Fizins – das Volk meinte, er sei direkt in die Hölle abgefahren – erwarb ein gewisser Jonas von Heißberg Schloß und Herrschaft. Obwohl das Geschlecht der von Heißberg

Die Spuren der Katastrophe von 1683: Die verhängnisvolle Schachtverbindung zum Höhlenraum unterhalb der Burg (links oben), ein Teil der Knochenfunde, die im Zuge des Umbaus gemacht wurden (links unten), der ehemalige Altar in der kleinen Burgkapelle, die von den Tartaren völlig verwüstet wurde (rechts oben). Rechts unten die zerschlagenen und durchwühlten Zinnsärge einstiger Burgbesitzer, die Knochen zerstreut, der Schmuck geraubt

das eigene Gut Merkenstein aufs großzügigste ausbauen ließ, erübrigt es sich eigentlich, noch darauf hinzuweisen, daß auch die neuen Grafen mit ihrer Umgebung nur schwer auskommen konnten. Als praktizierender Protestant war Jonas von Heißberg vom ersten Augenblick an mit der Amtskirche in Konflikt: Als einst der Pfarrer von Gainfarn

In diesem Raum soll es im Jahre 1880 zur unheimlichen Begegnung mit einer fluoreszierenden Gestalt gekommen sein. Nachfolgende Doppelseite: Bei der Freilegung der „Feuerhalle“ wurden außer zahlreichen Skeletten noch Einrichtungsgegenstände aus dem 17. Jahrhundert gefunden.

seinem Unmut gegen den neuen Grundherrn Luft machte, ließ ihn dieser kurzerhand in Eisen legen und verbannte ihn ins Burgverlies. 1647 soll Jonas von Heißberg sogar gedroht haben, den Pfarrer zu verstümmeln. Über siebzig Jahre lang war die Burg Stammsitz der Heißberger, ehe der letzte männliche Erbe sein Leben auf dem Ansitz beschloß. Zu dieser Zeit, man schrieb das Jahr 1672, erlebte der Wehrbau seine Glanz- und Blütezeit: Fürst Gundakar von Dietrichstein, der die Burg um 95.000 Gulden von den heißbergischen Erben erwerben konnte, übernahm einen vollkommen renovierten, spätgotischen Prachtbau. Nach einer zeitgenössischen Beschreibung bestand die Anlage im wesentlichen aus einem großen Rittersaal, dessen holzgetäfelte Wände mit vielerlei türkischen Waffen geschmückt waren. Wie sich später herausstellen sollte, dürfte es sich dabei um Beutegut aus der Zeit der ersten Wiener Türkenbelagerung, also aus den Jahren um 1529 gehandelt haben. Angeschlossen an den Repräsentationsraum waren etliche Stuben für den persönlichen Gebrauch sowie eine kleine Zeugkammer. Etwas abseits lagen die Kammern für die Bediensteten, für die Handwerker und etliche Fachkräfte, die für den reibungslosen Alltag auf einer Wehrburg Verantwortung zu tragen hatten. Dazu kam noch die „Khuchel“ mit einer offenen Feuerstelle und einem Abfallschacht, der in einen Höhlenraum unterhalb der Burg mündete.

Diese an sich praktische Schachtverbindung sollte für die Burgbewohner noch verhängnisvolle Folgen haben. Das Unheil begann in den ersten Julitagen des Jahres 1683: Kara Mustafa, der Großwesir Sultan Mehmeds IV., zog mit einem gewaltigen Heer gegen die Kaiserstadt Wien. Die Pannonische Tiefebene verwüstend, jagten etwa 200.000 Reiter durch die östlichen Gebiete des Reichs. Unter ihnen 20.000 Janitscharen, die Eliteeinheit des Sultans. Ein türkischer Augenzeuge berichtet: „Bloß um sich mit dem Säbel zu üben, schlugen sie in den abgebrannten Ortschaften alte Weiber ebenso zusammen wie unschuldige Kinder, die sie ihren Müttern aus den Händen rissen; und wenn die Kinder wimmerten, dann schrien sie: ‚Schlecht getroffen – geh weg, daß ich noch einmal zuschlage!‘“ Ähnlich verhielt es sich bei den Tartaren, den Sipahis, den Akindschi und vielen anderen Hilfstruppen des Osmanenreiches.

Am 7. Juli 1683 erreichten die ersten türkischen Vortrupps das Gebiet des Wienerwaldes, unzählige flüchtende Bauern vor sich hertreibend. Wie sorglos und unvorbereitet die Herrschenden der Katastrophe gegenüberstanden, zeigt uns ein Vorfall, der sich in jenen Tagen in der Umgebung von Heiligenkreuz ereignete: Während die Türken bereits brandschatzend Richtung Wien zogen, vergnügte sich Kaiser Leopold I. noch bei der Jagd in den Wäldern südlich der Reichshauptstadt. Nur unsagbares Glück und die Vernunft seines Adjutanten verhinderten die Gefangennahme des Habsburgers durch plündernde Streifzügler. Tags darauf flüchtete er vollbepackt – mitsamt seinem Hofstaat und mit 68 Kaleschen und 256 Wagen – in Richtung Passau. Die Untertanen, allen voran die Bewohner der ländlichen Gebiete, wurden einfach ihrem Schicksal überlassen.

Verzweifelt drängten nun diese hilflosen Menschen in die schlecht befestigten Städte und Burgen. Auch Merkenstein gehörte zu jenen Orten, in denen man Schutz suchte. Gleich 173 Personen zwängten sich innerhalb der starken Mauern zusammen – in der Hoffnung, hier zu überleben. Schon einmal, und zwar im Jahre 1529 hatte dieser Wehrbau den Kriegern Allahs erfolgreich getrotzt. Tage des Bangens vergingen, und die Menschen begannen bereits Hoffnung zu schöpfen, als in unmittelbarer Nähe der Burg Tartaren auftauchten. Sie gehörten zu jenen Begleittruppen, die selbst von den Türken als „Delis“ (Verrückte) bezeichnet wurden. Ein authentischer Bericht über den Angriff, der kurze Zeit später auf die Burg Merkenstein mit seinen vor Angst halb wahnsinnigen Bewohnern erfolgte, ist uns bruchstückhaft in dem *Gedenckh Prothocol* eines Zeitgenos-

Soldatendrama im Wienerwald 1809

Der Schauplatz: Eichgraben. Linke Seite: Leid und Not der Bevölkerung im Kriegsjahr 1809. Stich aus Anton Ziegler, „Vaterländische Immortellen". Wien 1838

Als sich im Mai des Jahres 1809 Erzherzog Karl von Österreich und der französische Kaiser Napoleon I. Bonaparte auf dem Marchfeld nördlich von Wien zur Entscheidungsschlacht rüsteten, waren vom Leid des Krieges nicht nur die kämpfenden Truppen betroffen. Es zog sich wie ein Pesthauch auch durch jene Landschaften, die vom eigentlichen Kriegsschauplatz weiter entfernt waren. Besonders unter der Einquartierung fremdländischer Soldaten und Drangsalierungen durch diese Truppen hatte die heimische Bevölkerung heftigst zu leiden.

Auch das Gebiet des Wienerwaldes wurde von den durchziehenden Soldaten schwer in Mitleidenschaft gezogen, galt es doch, die weit im Hinterland aufgestellten Divisionen so schnell als möglich zusammenzuziehen. Um den vorgegebenen Aufmarschplan einhalten zu können, wählten einige Regimenter der mit Napoleon verbündeten Rheinlandarmee daher den Weg über St. Pölten, Neulengbach und weiter durch das Wiental. So kam es, daß am 17. April 1809, es war gegen vier Uhr morgens, auch elf württembergische Königsjäger die kleine Ortschaft Eichgraben passierten, um wenig später beim Müller von Eichgraben vorstellig zu werden und mit Waffengewalt die dort Anwesenden aufforderten, für ihre Verköstigung zu sorgen. Und während der eingeschüchterte Müllermeister mit seinen Gehilfen eiligst versuchte, die gewünschte Menge an Wein und Eßbarem aus Speis und Keller zusammenzutragen, begannen die arroganten Württemberger mit ihren künstlich gelockten Haaren, sich beim Würfelspiel die Zeit zu vertreiben. Dabei konnte einer der Burschen des Müllers erkennen, daß es sich um eine ansehnliche Summe sowie um verschiedenste Wertgegenstände handelte, um welche die Soldaten würfelten. Zuerst waren die Müllersleute bedacht, nicht in das unmittelbare Blickfeld der Besatzer zu kommen, um nicht deren Willkür ausgesetzt zu sein, doch als die Württemberger immer dreister wurden und der Wein seine Wirkung entfaltete, überlegten die Leute des Müllers, ob sie nicht der unerfreulichen Situation eine ganz andere Wendung geben sollten. Die Sache hätte in

Die Region Eichgraben im 19. Jahrhundert. Ausschnitt aus dem Gradkartenblatt Nr. 13 des Oberlieutnants Adolf Borkowski vom 56. Infanterieregiment, aufgenommen 1872 von Major Josef Vergeiner

Napoleonische Infanterie der Jahre 1805 bis 1813

zweierlei Hinsicht ihr Gutes, dachten sie. Einerseits würde man die ungebetenen Gäste ein für allemal los sein, andererseits wäre es nur gerecht, die ohnedies gestohlenen Wertgegenstände wieder unter das heimische Volk zu bringen. Sie zogen sich in einen Nebenraum zurück und beschlossen, einen günstigen Moment abzuwarten, um die Soldaten zu überrumpeln.

In der Zwischenzeit schlich der Müller unbemerkt aus dem Haus, um noch einige Leute aus der Nachbarschaft für das Vorhaben zu gewinnen. Es ging bereits in die siebente Stunde, als sich die verschworene Gemeinschaft anschickte, ihre Überlegung in die Tat umzusetzen. Mit Äxten, Messern sowie drei alten Vorderladerpistolen bewaffnet und von der eigenen Couragiertheit getrieben, stürmte die inzwischen auf sechs Mann angewachsene Gruppe das Haus des Müllers und hieb in einem wahren Blutrausch auf die elf Marodeure ein. Der alte Maszarik, dem die Franzosen schon auf ihrem Durchmarsch im Jahre 1805 böse mitgespielt hatten, erwischte einen der Königsjäger mit seiner Axt just in dem

Augenblick, als dieser seinen Säbel zum Stoß ansetzen wollte. Ähnlich erging es einem rundgesichtigen, rothaarigen Voltigeur. Noch während er versuchte, sein dreirippiges Bajonett aus der Scheide zu ziehen, traf ihn ein wuchtig ausgeführter Schlag aus der Hand eines Müllergesellen. Nur kurze Zeit dauerte der Kampf, und die wehrhaften Dorfbewohner wähnten sich bereits als Sieger, als einer der im Blut liegenden Grenadiere, den man bereits tot glaubte, aufsprang und mit einem gewaltigen Satz aus dem Raum ins Freie stürzte. Der Brandinger Sepp schoß dem Flüchtenden zwar noch überhastet nach, und es schien anfangs, als habe er auch getroffen, doch bis auf einen kurzen Aufschrei war von dem Fliehenden bald nichts mehr wahrzunehmen. Dieser Umstand sollte für die Beteiligten noch verheerende Folgen haben.

„Französischer Grenadier beim Sturmangriff". Kolorierte Kalklithographie nach einer Zeichnung von F. Bastin.

Bleiben wir aber vorerst noch bei der kleinen, vor Freude überschäumenden „Kriegerschar" des Müllers. In ihrer euphorischen Hochstimmung über den vermeintlichen Sieg vernachlässigten die Dörfler jegliche Vorsicht. Um keine heroischen Empfindungen aufkommen zu lassen, muß fairerweise gesagt werden, daß es den Einheimischen gar nicht in den Sinn gekommen war, sich weiter um die Erschlagenen zu kümmern. Ihr ganzes Tun und Handeln richtete sich einzig und allein auf die nun frei verfügbare Beute der getöteten Soldaten. Letztendlich rafften die Männer das erbeutete Gut wie Pferde, Sattelzeug, Schmuckgegenstände, Silbergeld sowie vierundfünfzig Stück Banknoten zusammen, um es tags darauf im Wirtshaus zu Steinhäusel aufzuteilen, beziehungsweise wie auf dem Jahrmarkt an den Meistbietenden zu verkaufen. Da gegen Mittag dann doch einige Stimmen laut geworden waren, daß die Toten beseitigt werden sollten, um die Tat nicht zu offenkundig werden zu lassen, einigten sich die Dorfbewohner darauf, die erschlagenen Württemberger in das Wehrbecken des Mühlbaches zu werfen. Der nächste Morgen sah einen Teil der Dorf-

Jener Waldsaum, an dem die Inhaftierten vermutlich exekutiert wurden.

gemeinschaft dichtgedrängt vor dem Gasthaus des Leopold Aigner, und alles deutete schon auf eine ertragreiche Versteigerung, als keuchend und schnaufend der Pfarrer Michael Dworzak aus Altlengbach bei der versammelten Menge auftauchte. Wild gestikulierend deutete er in die Talebene, wobei er undeutlich stammelte: „Die Franzosen, die Franzosen kommen!" Die Worte, die der Geistliche um Luft ringend hervorpreßte, hatte auf die Leute eine ungeheure Wirkung. Das Wissen um die enorme Gefahr für das eigene Leben bei einem Zusammentreffen mit den feindlichen Truppen ließ die anfänglich so gaffende Menschenmenge in alle Himmelsrichtungen auseinanderstieben. Die Warnung des Pfarrers hatten sicher noch nicht alle Anwesenden vernommen, als sich bereits etwa 60 Reiter, vom Waldrand kommend, im scharfen Trab dem Platz näherten. Die schlimmen Befürchtungen, daß der Tod der Soldaten nicht ungesühnt bleiben würde, sollten mit einem Schlag schreckliche Gewißheit werden. Ohne auch nur im geringsten auf das Geschrei der Fliehenden zu achten, preschte ein Strafkorps vom VIII. Regiment Vandamme, dem auch einige bayerische Offiziere angehörten, durch die flüchtende Menge, um kurz danach vor dem Dorfwirtshaus in Stellung zu gehen. Mit aufgepflanztem Bajonett wurden diejenigen, denen die Flucht mißlungen war, von den Soldaten umstellt und unter wüsten Beschimpfungen gezwungen, in Reih und Glied vor dem kommandierenden Offizier Aufstellung zu nehmen. Viele Frauen, aber auch einige Männer, brachen unter dem seelischen Druck der Situation in heftige Weinkrämpfe aus, während andere eher emotionslos herumstanden, unfähig die Gefahr des Augenblicks einigermaßen zu begreifen. Alle spürten aber, daß die Sache noch lange nicht ausgestanden war.

Als einige Soldaten von ihren Pferden stiegen, gewahrte man einen unter ihnen, dem dies beträchtliche Mühe bereitete. Wie zu erkennen war, handelte es sich um einen württembergischen Voltigeur, der sich langsam vom Pferd quälte, und so mancher Bauer hätte ihm gar nicht ins Gesicht sehen müssen, um gehörig ins Schwitzen zu kommen. Dazu hätte auch der Brandinger Sepp gehört. Denn der Krüppel, der mühevoll seinen Fuß aus dem Steigbügel hievte, war niemand anderer als sein einstiger Kontrahent aus dem Gemetzel in der Stube des Müllers. Die zusammengetriebene, flennende Menschenschar hatte aber nicht lange Zeit, sich über ihre mißliche Lage den Kopf zu zerbrechen. Kaum war der marode Württemberger vom Pferd, begann er, gestützt von zwei Chargen der Brigade, mit prüfendem Blick durch die Reihen der Dorfleute zu humpeln. Hin und wieder blieb er kurz stehen, zeigte mit der Hand auf eine Person, wobei im nachhinein manche meinten, er habe oft willkürlich auf ein „Opfer" gedeutet, und vollendete defilierend gar bald die ihm von seinen Vorgesetzten übertragene Aufgabe der Denunzierung. Die napoleonischen Offiziere, die das Geschehen bislang schweigend verfolgt hatten, gaben daraufhin ihren Ordonnanzen in kurzen Befehlen die Weisung, die vom Württemberger bezeichneten Männer von den übrigen abzusondern und unter Bewachung einiger Kürassiere nach Neulengbach zu bringen. Noch am gleichen Tag wurden die Mühle sowie das angrenzende Haus des unschuldigen Bauern Schemberger von bayrischen Infanteristen zur Abschreckung in Brand gesteckt und die Suche nach weiteren Schuldigen auf die nähere Umgebung ausgedehnt.

Inzwischen versuchte der Pfarrer Michael Dworzak die Rolle des Vermittlers zu übernehmen. In einer Bittschrift an die kommandierenden Generäle Kellenwandt und Theodor unternahm er nicht nur den Versuch, die brisante Lage einigermaßen zu entspannen, er ersuchte auch in einem dramatisch abgefaßten Appell um Gnade für seine inhaftierten Mitbürger. Um so größer war die Überraschung, als er gegen drei Uhr früh des übernächsten Tages durch lautes Pochen an der Kirchentüre unsanft aus den Schlaf gerissen wurde. Ein Leutnant mit etwa 30 Reitern überreichte ihm eine Order, worin nicht nur die Verhaftung seines Hilfsgeistlichen, des Kooperators Adalbert Pachner, gefordert

Die restaurierte Franzosenkapelle bei Maria Anzbach. Unter ihren Fundamenten liegen die erschlagenen Württemberger. Rechts der heilige Johannes Nepomuk im Inneren der Gedenkstätte.

wurde, der junge Offizier übergab ihm zudem eine Liste, worauf einige Personennamen vermerkt waren, die mit der Ermordung der Württemberger in Verbindung gebracht worden waren. Darin forderte man ihn unverhohlen auf, bei der Verhaftung der Verdächtigen unterstützend mitzuwirken. In diesem Schreiben war aber auch die Mitteilung enthalten, daß der bayerische General eventuell bereit wäre, ihn zu empfangen. Und während der Geistliche noch wie in Trance das Papier in seinen zittrigen Händen hielt, mußte er zusehen, wie sein junger Glaubensbruder, an Händen und Füßen gebunden, abgeführt wurde. Der Weg, den der alte Pfarrer tags darauf in das weit entfernte Hauptquartier absolvierte, sollte für ihn weder erfreulich noch von Erfolg gekrönt sein.

Bei der Kommandantur angekommen, erklärte man ihm, daß es aufgrund der zuletzt getätigten Aussagen der Verhafteten auf keinen Fall zu einem Gnadenakt seitens der Generalität kommen könne. Schlußendlich nahm das vom Pfarrer so herbeigesehnte Gespräch eine Wendung, in der er merkte, daß sogar für seine Person die Gefahr der Inhaftierung drohte. Grund zu dieser Annahme bot die Verhaftung seines Kooperators. Laut Aussage eines Zeugen hatte nämlich der Junggeistliche sein Interesse an einem Schimmel bekundet, den die Bauern nach dem Blutbad in der Mühle feilbieten wollten. Diese Bemerkung hatte ausgereicht, um Pachner in Gewahrsam zu nehmen, und damit begründete die Generalität auch die Verdachtsmomente gegenüber Pfarrer Dworzak. Für die bayerisch-württembergische Armeeführung waren somit die Beweisführung und die damit verbundenen Vermittlungsgespräche abgeschlossen. Für die verantwortlichen Offiziere galt es nunmehr einzig und allein, die Höhe der Kontribution festzusetzen sowie die Bestrafung der Täter und ihrer Handlanger voranzutreiben. Stunde um Stunde verrann, für Pfarrer Dworzak, der innigst für die Inhaftierten betete, schien die Zeit jedoch schon bedeutungslos. Erstmals war es ihm, als hätte sich Gott mit seiner unsagbaren Liebe und seiner Barmherzigkeit von ihm abgewendet. In dieser Zeit des Wartens und des Hoffens gedachte er auch der Ereignisse der letzten Tage, letztendlich suchte er einen Teil der Schuld sogar bei sich selbst. Seine Überlegung, daß er als langjähriger Beichtvater seine ihm anvertrauten Gemeindebrüder und -schwestern nicht rechtzeitig vor den Auswirkungen eines Sündenfalls gewarnt hatte, stürzte ihn in tiefste Resignation. Wenig später öffneten sich die Türen der Kommandantur, und ein Hauptmann der Rheinbundarmee gab das Ausmaß der Kontributionsverpflichtung bekannt. Sosehr der Pfarrer in seinem Innersten auch auf das Wunder der Erhörung gehofft hatte, sein Bitten und Flehen an die Himmelsmacht sollte vergeblich bleiben – die einzige Vergünstigung, die man dem armen Mann gewährte: Er durfte den Delinquenten die letzte Ölung reichen. Die Hinrichtungen wurden für einen der nächsten Tage angesetzt, und letztendlich wurde ihm mitgeteilt, daß die Entschädigungszahlungen an die Grande Nation mit 34.000 Gulden festgesetzt worden waren. Das einzige Zugeständnis, auf das sich die napoleonischen Offiziere eingelassen hatten,

Die ehemalige Mühle in Eichgraben: Hier kam es zum dramatischen Zwischenfall mit den napoleonischen Soldaten.

war die Begnadigung des jungen Kooperators Adalbert Pachner. Ursprünglich auch er zum Tod verurteilt, waren die Richter geneigt, ihn auf Grund seiner angegriffenen Gesundheit freizulassen. Ob es die in der Haft erlittene Tortur war oder ob ein bösartiges Leiden lange vor seiner Inhaftierung schon Besitz von seinem Körper ergriffen hatte, läßt sich aus heutiger Sicht schwer beurteilen – kaum fünf Tage nach seiner Freilassung durch die bayerischen Besatzer verstarb der 23jährige Geistliche in den Armen seines eiligst herbeigeholten Vaters. Wie ein hinzugezogener Arzt später bemerkte, sei er an einem „inkarzerierten Leibschaden“ gestorben.

Für die übrigen Inhaftierten kam das Ende ihres Erdendaseins wenige Tage später. An einem frühen Morgen hörte man im Dorf die Salven des Exekutionspelotons widerhallen. Trotz der Bitten ihrer weinenden Frauen und Kinder, Mütter und Väter wurden die Leichen der Hingerichteten an Ort und Stelle verscharrt. Erst viele Jahre später vermeinten Waldarbeiter die verblichenen Knochen der Erschossenen von 1809 entdeckt zu haben. Wegen der Weitläufigkeit der Fundstelle und der unsicheren Angaben der Forstarbeiter einigte man sich jedoch darauf, die Totenruhe zu wahren und die sterblichen Überreste an Ort und Stelle zu belassen. Noch lange Zeit danach behielt die Waldflur den Namen „Totenangerl“.

Der Jungfrauenbrunnen am Kobel

Unweit des Hermannskogels im nördlichen Wienerwald entspringt in einem Waldstück eine Quelle, der seit dem 18. Jahrhundert nachweislich starke heilende Kräfte zugeschrieben werden. Zu welcher Zeit genau die Leute zu dieser Erkenntnis gelangt sind, läßt sich aus heutiger Sicht nicht mehr feststellen. Bis 1817 war der Platz jedenfalls unter dem Namen „Jungfrauenbrunnen am Kobel" in der heimischen Bevölkerung bekannt, und es hieß schon damals, daß sich das Wasser der Quelle als Heilmittel bei den verschiedensten Erkrankungen zur vollständigen Genesung eignen würde. Vermutungen, daß die Quelle bereits in frühgeschichtlicher Zeit bekannt war, werden gestützt durch das Auffinden mehrerer Tonscherben mit Wellenbandverzierungen aus dem 9./10. Jahrhundert in unmittelbarer Nähe des Quellkessels. Es ist nicht einmal die Überlegung auszuschließen, daß das Wasser bereits in noch früheren Zeiten für Heilzwecke Verwendung gefunden hat.

Linke Seite: Tausende von Menschen suchten einst bei der Quelle nahe dem Hermannskogel Genesung von ihrer Krankheit. Ansichtskarte, Ende 19. Jahrhundert.

Beispiele für kultische Handlungen an Wasserläufen gibt es dazu mannigfaltig und an vielen Orten menschlichen Daseins. In Erinnerung zu rufen wären dabei die oben geschilderte heilige Quelle beim abgekommenen Kloster St. Laurentius am Riederberg, zu dem die heimische Bevölkerung noch bis in das Jahr 1950 pilgerte, um die Macht des Wassers für sich günstig zu stimmen. Frischem, klarem Wasser, das aus dem Erdinneren strömt, wurde bekannterweise schon bei den Völkern des Altertums eine besondere „Heiligkeit" zugesprochen; in der Regel waren es weibliche Gottheiten, denen diese Wirkkräfte zugesprochen wurden – Vorstellungen, die bis in die Neuzeit hinein eine große Rolle spielten.

Wie nun Forschungsergebnisse gezeigt haben, besitzen Wasserläufe auch unterschiedliche Schwingungen, die in manchen Fällen dem menschlichen Organismus besonders zuträglich sind. Ähnliche Phänomene könnten auch bei der Quelle am Hermannskogel zutage getreten sein. Wie aus alten Aufzeichnungen hervorgeht, war aber nicht nur die Heilwirkung des Bründls legendär. Diesen Berichten zur Folge kam es bereits im Jahre 1815 zu den ersten unerklärbaren Erscheinungen im Bereich der Wasserschüttung. Nach Angaben mehrerer Personen vollzog sich an einem Sommerabend in einer der alten Baumkronen ein derart unglaubliches Schauspiel, daß dieser Vorfall bis in die Gegenwart bekannt geblieben ist und in der Legende seinen Niederschlag gefunden hat: Inmitten der knorrigen Äste bemerkten die Menschen eine Lichtgestalt, die von den Umstehenden eindeutig als Marienerscheinung erkannt wurde. Doch dieses Naturschauspiel sollte nicht das einzige bleiben. Wenige Tage danach kam es neuerlich zu einem außergewöhnlichen Vorfall. Am frühen Nachmittag des 23. August 1815 geschah es, daß kaum einen Steinwurf von der Quelle entfernt, inmitten einer hochstehenden Buche, das Zeichen des Kreuzes sichtbar wurde. Nach den Erzählungen einiger Pilger, die sich etwas abseits davon bei einer kleinen Waldlichtung aufgehalten hatten, war das überirdische Kruzifix von gleißendem Licht umgeben und von übernatürlicher Schönheit. Die Nachricht von diesen Erscheinungen verbreitete sich natürlich unter der Bevölkerung in Windeseile, und es dauerte nicht allzu lange, bis sogar Pilger aus Ungarn, Böhmen, Mähren und dem weit entfernten Siebenbürgen Trost und Hilfe beim Jungfrauenbrunnen suchten.

Die heilkräftige „Gnadenstätte" um 1900. Ansichtskarte.

Glaubt man den alten Berichten, so frequentierten an manchen Tagen bis zu 20.000 Menschen den Quellfluß am Hermannskogel. Diesem Treiben in der Umgebung sowie an der Quelle selbst, die von vielen schon für die Inkarnation Gottes angesehen worden war, sollte jedoch ein jähes Ende beschert sein.

Soviel Linderung das heilkräftige Wasser für die vielen Tausenden von Kranken und Pilgern in den Jahren zuvor auch gebracht hatte, den Behörden des Jahres 1817 waren die Menschenansammlungen beim Hermannskogel ein Dorn im Auge. In einem Schreiben an den Regierungspräsidenten von Niederösterreich, Freiherrn von Reichmann, informierte diesen Metternichs Polizeipräsident Josef Graf Sedlnitzky über die Vorkommnisse beim Jungfrauenbrunnen. Dabei ging der Leiter der k. k. Obersten Polizei- und Censurhofstelle mit keinem Wort auf die Bedürfnisse der hilfesuchenden Bevölkerung ein. Auch über die angebliche Heilkraft des Wassers verlor Sedlnitzky keine Silbe. Sein Anliegen betraf vielmehr die – seiner Meinung nach – untragbaren Zustände, die durch die unüberschaubare Anzahl von Menschen aus den unterschiedlichsten Schichten, die sich hier alltäglich versammelten, entstanden waren.

Heute wieder ungestört: Buchenwald am Hermannskogel

Der Befehl zur Räumung der Gnadenstätte folgte prompt. Laut einer Anordnung vom 15. Oktober 1817 wurde im Auftrag des Polizeioberdirektors Franz Ritter von Siber der Quellstein, aus dem das Wasser herausrann, aus seiner natürlichen Lage gerissen und zerstört. Weiters wurde der Quellauf mit Steinen bedeckt und mit Erde zugeschüttet.

Schlußendlich wurden die Marienbuche sowie einige angrenzende Gehölze gefällt, die Bäume zerkleinert und an einen nicht näher bezeichneten Ort gebracht. Mit diesen Maßnahmen gedachte man den Zulauf von „Gläubigen“ ein für allemal zu unterbinden. Anfänglich schien es auch so. Durch die Polizeischergen Metternichs eingeschüchtert, verlief sich ein Großteil der Pilger und suchte andernorts Trost und Heilung. In der Zwischenzeit verfielen auch die Holzkreuze, die von den unzähligen Hilfesuchenden errichtet worden waren, und nur ein geringer Teil der einheimischen Bevölkerung besuchte, meist nach Einbruch der Dunkelheit, die heilkräftige Quelle, die sich einen neuen Weg durch das Unterholz gesucht hatte. Inspiriert durch eine Erzählung des Autors Josef Alois Gleich nannten die Wiener wenig später das Gerinne „Agnesbründl“. Und diesen Namen trägt die wundersame Quelle noch heute.

Der Leyrer-Jörgl

Linke Seite: Für den Wanderer im Wienerwald ein gewohnter Anblick: Gedenkkreuze und Marterln erinnern an die Tragödien von einst.

An einem spätsommerlichen Herbsttag des Jahres 1837 sah die alte Wienerstadt eine an Herz und Seele schwer geprüfte Frau langsam suchend durch die schmalen Gassen gehen, stets bestrebt, den Weg nicht durch Unachtsamkeit zu verfehlen. Ersehntes Ziel ihrer langen und beschwerlichen Reise war die kaiserliche Burg, um beim regierenden Monarchen, Kaiser Ferdinand I., in gebührender Demut vorstellig zu werden. Für die Leni Grumböck, wie die schlichte Frau hieß, war der Gang in die Hochburg der Aristokratie sicher kein leichtes Unterfangen, war es doch so, daß die ihr vertraute Umgebung das einfache Gehöft des Schwagers im heimatlichen Grödl war, einem Wienerwalddorf, das zwischen den Orten Klausenleopoldsdorf und Laaben lag. Freilich war es nicht leicht für eine Frau, wie die Leni eine war, eine Audienz beim Kaiser zu bekommen. Aber verständnisvolle Menschen ebneten der leidgeprüften Frau den Weg in die Räumlichkeiten des Herrschers mit dem Beinamen „der Gütige“.

Was waren die Beweggründe, die unsere Bauersfrau in die Reichshaupt- und Residenzstadt trieben? Um diese Frage beantworten zu können, müssen wir in jene Tage zurückblicken, in denen noch fröhliches Kinderlachen aus der kleinen Hüttenansammlung im Herzen des Wienerwaldes drang: Bewohnt wurde Grödl von einfachen Holzknechten, die mehr recht als schlecht ihr karges Brot verdienten. Unter ihnen lebte auch ein gewisser Georg Grumböck, der nebenbei das Maurerhandwerk erlernt hatte, um damit etwas besser als die anderen durch den Alltag zu kommen. Dieser Georg Krumböck, den die meisten eigentlich nur unter dem Namen „Leyrer-Jörgl“ kannten, war bei der Arbeit nicht ungeschickt; was ihn aber viel mehr reizte als die Arbeit, war der Nervenkitzel der Jagd, besser gesagt die Wilderei in den herrschaftlichen Forsten des Wienerwaldes. Nicht, daß der Jörgl ein schlechter Mensch gewesen wäre, ganz im Gegenteil, seine Gutmütigkeit und Hilfsbereitschaft waren bekannt in der gesamten Umgebung, ebenso schätzte man ihn wegen seiner Kühnheit. Nicht nur einmal kam es vor, daß er unter Lebensgefahr beim

Der Dachsgraben auf der Eigerin, in dem Georg Grumböck zu mitternächtlicher Stunde dem Forstadjunkten die tödlichen Schläge versetzte

Holzschwemmen einen Waldbauern den angeschwollenen Bächen entriß. Einmal erhielt der Jörgl sogar sechs Silberzwanziger als Belohnung, als er – mit höchstem Risiko – einen verklemmten Holzstoß im Schwemmkasten wieder in Bewegung gesetzt hatte. Auch die Wirtshäuser sahen den Leyrer-Jörgl nur höchst selten, vom Kartenspiel hielt er wenig, und nur zum Herumsitzen, dafür war ihm die Zeit zu kurz. Seine Passion galt allein dem Rotwild oder – wenn ihm nichts anderes vor die Flinte kam – zumindest dem niederen Wild. Das änderte sich auch nicht, als eines Tages die Rothensteiner Magdalena, eine treuherzige Magd vom Hollererberg, seinen Lebensweg kreuzte und gar bald die Obliegenheiten im Haus des Georg Krumböck übernahm. Als dann noch im darauffolgendem Jahr die Leni einem Buben das Leben schenkte, schien das Glück der beiden gemacht zu sein. Wohl kam es hin und wieder vor, daß einige Gewitterwolken die eheliche Verbindung trübten, vor allem,

Die Eigerin gehörte aufgrund ihrer großflächigen Laubmischwälder und zahlreichen Quellen bis ins 19. Jahrhundert zu den wildreichsten Gegenden des gesamten Wienerwaldes.

wenn Leni die langen Herbst- und Winterabende über beim Spinnrad saß, während der Jörgl mit geschwärztem Gesicht auf der Pirsch war und den Revierjägern Kopfschmerzen bereitete. Oftmals sprachen sie über seine verfluchte Leidenschaft, aber sosehr der Jörgl ansonsten auch auf seine hübsche Frau hörte, in diesem Punkte hatte er seinen eigenen Kopf, und weil die Leni nicht nur ein zauberhaftes Geschöpf war, sondern nebenbei auch ihren Frieden haben wollte, ließ sie die Dinge laufen, wie sie eben liefen. Als das Jahr dem Ende zuging und die ersten Winterstürme über das Land fegten, geschah es, daß just am Großen Hollererberg, dort, wo der Jörgl seinem eigentlichen Broterwerb nachging, er eines Dachses ansichtig wurde. Da gerade sein Bruder Leopold bei ihnen weilte, überredete er diesen, ihm beim Ausgraben des „Krampeltieres", wie der Dachs von den Forstleuten landläufig genannt wurde, behilflich zu sein. Die Gelegenheit, so meinte er zu

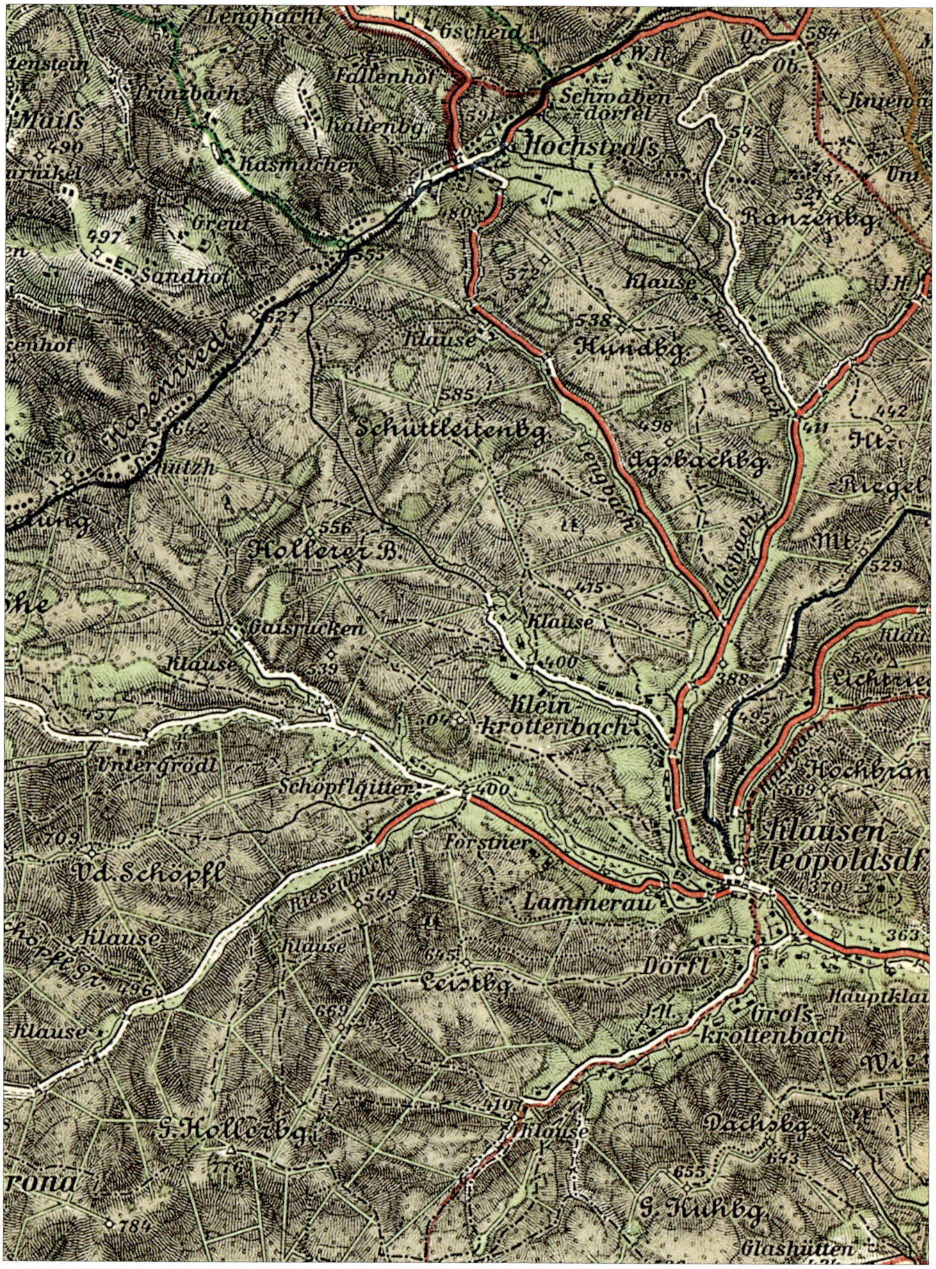

Die Umgebung von Klausenleopoldsdorf. Karte des Wienerwaldes, ausgeführt im k. u. k. militär-geographischen Institut in Wien (1: 75.000).

seinem Bruder, sei jetzt günstig, es habe nämlich geschneit und das Tier liege zuversichtlich im Bau. So geschah es dann, daß sich die beiden Männer am frühen Morgen mit Krampen und Schaufel auf den Weg machten, um den Dachs aus seinem Bau zu holen. Es war bereits früher Nachmittag, als der Jörgl allein zurückkam. Den erschlagenen Dachs hatte er in seinem Rucksack verstaut, und während er diesen öffnete, erzählte er, daß der Poldl gleich über den Berg heimgegangen war. Auf die Frage der Leni, wo denn der Krampen und die Schaufel geblieben sei, antwortete der Jörgl mit hektischem Getue: „Das liegt noch oben, wir haben nämlich noch ein zweites Tier verspürt und werden es morgen holen!" Schweren Herzens half die Leni noch beim Abhäuten des Dachses, bevor die beiden Eheleute ihre Bettstatt aufsuchten.

Es war gegen 3 Uhr morgen, als der Jörgl sich von seinem Lager erhob, gleichzeitig schreckte die Leni mit den Worten „Jesus, Maria!" auf. „Was hast du?" fragte er schlaftrunken. „Bitte, bleib daheim! Ich träumte so schwer, außerdem ist heute Nikolai. Erinnere dich, der Tag hat uns schon zweimal Unglück gebracht. Einmal haben sie deinen Vater im Wald tot aufgefunden, und im vorigen Jahre fehlte nur wenig, so wären wir abgebrannt." „Beruhige dich", erwiderte der Jörgl. „Ich hab' den Poldl hinaufbestellt und möcht' das andere Krampeltier nicht verlieren, hab keine Angst, ich pass' schon auf mich auf!" Damit verabschiedete er sich, und während sich die Leni schwer seufzend wieder niederlegte, schritt Georg auf dem harschigen Schnee dem Berg zu. Etwa zur gleichen Zeit erhellte der Schein einer Kerze auch eine andere Behausung. In der Lammerau, einer zum Forst Kleinmariazell gehörigen Waldsiedlung, lag das Haus des Försters Karl Schleicher. Seit frühester Stunde saß der alte Mann in seiner Schreibstube, um die Abrechnung für den Allander Schwemmdirektor fertigzustellen. Ihm zur Seite stand der Forstadjunkt Ludwig Maier, ein stämmiger, hochaufgeschossener Bursche mit rotblondem Haar und harten Zügen. Der Förster wußte seinen Eifer zu schätzen, den Bauern aber und besonders den Holzleuten stand er dafür weniger zum Gesicht, denn der Adjunkt war einer, der es verstand, seinen Vorteil ins rechte Licht zu rücken. Überdies ging er den Holzknechten gegenüber mit ziemlicher Roheit vor, wenn er sie nur beim kleinsten Vergehen ertappte. Man munkelte sogar, daß er am Tod einiger Holzknechte nicht ganz unbeteiligt gewesen sei. Während der Förster noch Einblick in seine Bücher nahm, ging der Adjunkt zum Fenster, sah in die Nacht hinaus und bemerkte dabei mit leisem Unterton: „Ich glaube, es ist besser, wenn ich eine Runde durch das Revier mache. Wir haben hier mehr Holzdiebe als ordentliche Holzbauern!" „Recht so!" meinte der Altförster. „Geht den Wald längs des Krottenbachs ab. Den Rückweg schlagt über die Eigerin-Wiese ein, und wenn ihr euch beeilt, könnt ihr gegen eins wieder da sein." Der Förster hörte noch die schwere Eichentüre in das Schloß fallen, als der Adjunkt wenig später das Forsthaus verließ, und widmete sich wieder seinem Aufgabenbereich. Als am Vormittag leichter Schneefall einsetzte, glaubte der Alte noch, daß er den Jungen sicher früher zu Gesicht bekommen werde als zur ausgemachten Stunde. Als jedoch Stunde um Stunde verrann und die beginnende Dämmerung schon ihre langen Schatten über den Hof warf, da wurde dem Förster bang, und er befahl, daß der Strutzenberger, der Meisterknecht der Holzleute, mit einigen anderen nach dem Maier suchen sollte. Er selbst nahm sich einen bewährten Waldheger als Begleiter, schulterte seine Kugelbüchse und begab sich auf die gleiche Route, die er dem Jungjäger vor Beginn des Revierganges noch empfohlen hatte.

Verlassen wir vielleicht an dieser Stelle die Schar der Suchenden und wenden uns wieder dem kleinen Gehöft zu, in dem die Leni von bösen Vorahnungen geplagt den Tag zugebracht hatte – der Alb, der die gute Frau um den wohlverdienten Schlaf gebracht hatte, sollte furchtbare Wirklichkeit werden.

Die Abenddämmerung war bereits hereingebrochen, als der Leyrer-Jörgl, totenbleich und wirr in den Augen, in sein Haus stürzte. Taumelnd wankte er zur Stubentür, fiel der erschrockenen Leni um den Hals und sagte: „Frau, unsere besten Tage sind vorbei. Du hattest recht, als du mich vor dem Nikolaitag gewarnt hast. Das Unglück führte beim Ausgraben den Jungförster zu mir, und ich dürfte ihn wohl erschlagen haben." „Jörgl", sagte die Leyerin, „du kannst kein Mörder sein, dafür kenn' ich dich zu gut. Aber sag mir um Gotteswillen, wie alles geschehen ist." Der Jörg preßte die linke Faust gegen seine Stirn, daß ihm die Adern aus dem Handrücken quollen, atmete tief durch und erzählte mit schwerer Stimme: „Der Poldl ist nicht gekommen, und ich hab' daher allein mit dem Graben begonnen, als sich von der Eigerin her der Forstadjunkt an mich heranschlich. Noch ehe ich ihn recht vernahm, schreit der schon: ‚Verdammter Kerl, was machst du hier?' Ich erschrak heftig und bat ihn, es nicht hoch auszulegen, daß ich ein Krampeltier ausgraben will. Er aber sprang zu mir in die Grube und versetzte mir sogleich eines mit seinem Hirschfänger. Da stieg der Zorn in mir hoch und ich gab ihm's mit der Schaufel zurück, er wieder hieb mit dem Messer nach mir. Zuletzt wurde ich ganz toll und schlug, ohne viel zu schauen, um mich. Auf einmal schreit der Maier wie wild auf, greift sich an den Kopf, stürzt in die Grube und zerbricht dabei noch sein Gewehr. In meiner Angst ließ ich die Schaufel zurück, sprang aus dem Bau und lief in Richtung Schöpfelgraben. Ob der Maier nur betäubt wurde oder ob er tot ist, kann ich nicht sagen, so wahr Gott mein Zeuge ist, aber ich fürchte, ich habe ihn schlimmer zugerichtet, als ich wollte." Nachdem die beiden noch eine Zeitlang schweigend zusammengesessen waren, versuchte danach ein jedes ihre schrecklichen Gedanken durch Arbeit einigermaßen zu vertreiben. Aber sosehr sie sich auch bemühten, einen klaren Kopf zu bewahren, gelingen wollte es bei keinem. Es war vielleicht zehn Uhr, als der Jörg plötzlich aufstand und zur Leni sprach: „Ich muß schauen, ob mein

Unglück wirklich so groß ist, wie ich befürchte." Die Leni nickte nur, denn auch sie hegte Hoffnung in der Ungewißheit, die ihr bis jetzt Trost war. Der Leyrer-Jörg wankte in die Nacht hinaus, von der schlimmen Vorahnung erfüllt, daß sein Geschick bereits besiegelt war. Als er die Hollererhöhe erreicht hatte und in die Grube sah, spürte er, wie ihm heiß wurde und ihn eine furchtbare Atemnot überkam: Zusammengekrümmt und mit offenem Schädel lag der erschlagene Adjunkt im ergrabenen Dachsbau. Zittrig in den Armen beugte sich der Jörgl zu der Schaufel und begann den Leichnam mit Erde zu bedecken, stets bemüht, den Toten dabei nicht weiter zu berühren. Obwohl es fürchterlich kalt war, rann ihm der Schweiß in Strömen über die Stirn. Gedankenverloren und vollkommen erschöpft kniete er vor dem Grab, als er vermeinte, Laute an sein Ohr dringen zu hören. Von Panik gepackt, schnellte er in die Höhe, griff sich die Schaufel und stürmte wie ein gehetzter Hirsch den Berg hinunter. Es mag auf halbem Weg gewesen sein, als er im Schritt langsamer wurde und neuerlich in den Wald hineinhörte, aber diesmal empfing ihn nur unsagbare Stille.

Vor diesem Forsthaus versammelte sich am 8. Dezember 1835 die Gerichtskommission im Fall Georg Grumböck.

Die Geräusche, die den Leyrer-Jörg in die Flucht geschlagen hatten, bedeuteten in der Tat eine für ihn nicht zu unterschätzende Gefahr, denn wenig später stand der Förster aus der Lammerau mit seinem Gehilfen vor der halbzugeschütteten Grube, und für die Männer war es offensichtlich, daß sie am Ort eines Verbrechens angelangt waren. Der blutige Hirschfänger des Forstadjunktes fand sich am Rande der Erdschüttung, und auch ein Teil seines Gewehres lag unweit des aufgebrochenen Waldbodens. Bald war es Gewißheit: Der Maier war einem Mord zum Opfer gefallen. Tags darauf, am 8. Dezember 1831, erhielt das Landgericht Purkersdorf durch eine Zuschrift aus dem Forsthaus Kenntnis von dem Verbrechen. Eine Gerichtskommission fand sich noch am gleichen Tag beim Forsthaus ein, um ein Protokoll zu erstellen und den Leichnam unverzüglich der Obduktion zuzuführen. Der nächste Morgen war für die Erhebungen am Tatort bestimmt. Nach einem etwa zweistündigen Anmarsch befanden sich die Herren vor jener Grube, die dem unglücklichen Maier zum Verhängnis geworden war. Nach genauer Besichtigung des Platzes bemerkte man auch die Fußtritte einer einzelnen Person, die sich dem Schöpfl zugewendet hatten. Die Spur führte weiter in die sogenannte „Grödelgegend" und verlor sich in der Nähe zweier Hütten. In der einen hauste der Holzhauer Johann Matzinger, die zweite war die des „Leyrer-Jörgl". Der Ruf des letzteren als berüchtigter Wilddieb veranlaßte sodann die Gerichtskommission zur Durchsuchung der Behausung des Georg Grumböck. Als man die Leni dabei ins Verhör nahm, bemerkten die Herren der Kommission zwar, daß sie sehr aufgeregt war, über den Verbleib ihres Mannes konnte sie allerdings keine Angaben machen. Da es den Herren vom Gericht auffällig erschien, daß der Georg Krumböck seit Tagen nicht die Schwelle seines Hauses betreten haben sollte, und seine Frau ein auffälliges Verhalten zeigte, setzte das Landgericht den Gesuchten zur Verhaftung aus. Die Leni wurde sogleich in Haft genommen. In einem Rundschreiben wurden sowohl die Gendarmen als auch die Jägersleute angewiesen, nach dem Flüchtenden Ausschau zu halten. Doch allen Anstrengungen zum Trotz war der Erfolg mehr als dürftig – der Jörg war offenbar keineswegs gesonnen, sich freiwillig zu stellen.

Da erschien am 16. Dezember der Holzhauer in der Bonna, Georg Empacher, in der Amtskanzlei zu Purkersdorf und machte eine überraschende Aussage. Er gab an, am 11. Dezember mit dem Gesuchten zusammengetroffen zu sein. Dieser habe ihm aufgetragen, daß er, der Georg Grumböck, alles ganz allein getan hätte, daß ihm niemand behilflich gewesen wäre und vor allem, daß seine Frau Magdalena gänzlich unbeteiligt bei der Sache sei. Obwohl der Zeuge diese Aussage tätigte, blieb Magdalena Grumböck bis zum 16. März 1832 im Gewahrsam des Gerichtsbarkeit. Erst dann faßte die Kommission den Beschluß, die unschuldige Frau zu entlassen. Zwei Tage später konnte die schwer geprüfte Leni ihre beiden unmündigen Kinder wieder in die Arme schließen. Die Szenen, die sich beim Wiedersehen mit der geliebten Mutter abspielten, lassen sich kaum beschreiben ...

Wenden wir uns daher schweren Herzens dem Schlußkapitel dieser Kriminalgeschichte zu und übersiedeln wir in die Gemeindeschenke zu Purkersdorf, wo es trotz der weit überzogenen Sperrstunde noch außerordentlich lebhaft zuging. Das Kalenderblatt neben der Ausschank zeigte den 29. Mai 1835, und am sogenannten Herrentisch präsidierte der Diener vom Landgericht. Mit weingerötetem Kopf erzählte er: „Denkt euch, dieser Kerl trägt einen Bart, wie sich der Grasel, den ich als junger Mensch gesehen hab', keinen träumen hat lassen. Im Steirischen hielt er sich eine ganze

„Tod eines Holzknechts in den Bergen Niederösterreichs". Aquatinta von Gros nach einer Vorlage von Jakob Gauermann, 1821. Das Bild zeigt die damalige Tracht der Holzknechte.

Bande und den Forstleuten ging es dort schlimm genug. Wenn sie den in Wien durchrutschen lassen, gibt es keine Gerechtigkeit mehr im Land ..."

Das Wahre an der Sache war, daß man den Georg Grumböck am 21. Mai 1835 im Forst der Herrschaft Hohenberg gefaßt hatte. Er hielt sich in einem abseits gelegenen „Kehr" beim Jäger Cajetan auf, in dessen Holzschlag er zurückgezogen seine Arbeit verrichtete. Erkannt und verraten wurde er von einem ihm nicht wohlgesonnenen Holzknecht, der bei weitem nicht das Können hatte, das den Jörg auszeichnete. Dem Gericht gegenüber gab er an, kurz nach dem tragischen Unglück bei fremden Holzknechten mitgearbeitet zu haben, aber schon nach drei Wochen habe er es für klüger gehalten, weiterzuziehen. Danach

Die Holzschlägerung. Detail aus einem Wandgemälde im Pfarrhof Josefsberg, um 1830. Sägen wurden in der Waldarbeit erst seit der ersten Hälfte des 19. Jahrhunderts verwendet.

habe er Arbeit bei den Holzknechten an der Drau gefunden und im darauffolgenden Sommer beim Holzbrenner zu Weißenbach. Später sei er wieder in den Holzschlag gegangen, wo ihn nun die Vergangenheit eingeholt hatte. Am Schluß der Untersuchung beteuerte der Jörg, daß er niemals im Sinne gehabt habe, den Adjunkt zu töten. Nur durch die Sorge um sein eigenes Leben sei das Unfaßbare geschehen.

Am 7. Jänner 1836 fällte das Gericht folgenden Spruch: „Die mit Georg Grumböck, genannt der Leyrer Jörgl, abgeführte Untersuchung wegen Verbrechen des Mordes werde aus Gründen fehlender Beweise für aufgehoben erklärt. Dagegen sei derselbe des Verbrechens des Totschlages und des Wilddiebstahles als schwere Polizeiübertretung schuldig, und solle deshalb durch fünf Jahre im schweren Kerker angehalten werden.“ Das Urteil wurde vom Obergericht bezüglich der Schuldfrage bestätigt, die Strafe jedoch um ein Jahr gemildert. Die Strafe sollte der Jörg im Provinzial-Strafhaus in der Leopoldstadt, auf der sogenannten „Haide“, absitzen. Inzwischen stand es um den Jörg schon schlimm: Noch zu einer Zeit, wo er als Flüchtiger die Holzschläge aufgesucht hatte, hatte er sich am rechten Bein schwer verletzt. Die Wunde begann nun wiederum zu eitern, und nachdem ihn das Strafhaus aufgenommen hatte, wurde das Übel so arg, daß die Ärzte, um sein Leben zu retten, das schadhafte Bein abnehmen mußten. Damit nicht genug, begann sich das Leiden auch auf die anderen Gliedmaßen auszuweiten. Den schrecklichen Verlauf der Krankheit erkennend, gestattete die Gefängnisleitung dem Kranken, einen Brief über sein Befinden an seine Frau abzuschicken.

Den Brief in den Händen und mit Tränen in den Augen kniete nun die Leni vor dem Kaiser und erlangte – die erhoffte Amnestie. Durch eine Entschließung seiner Majestät vom 4. November 1837 wurde dem Verurteilten der Rest seiner Strafe erlassen. An einem kalten Wintermorgen öffneten sich die Tore des Gefangenenhauses, und, gestützt durch Krücken, schritt der Jörg hohlwangig und bleich in die Freiheit. Als die Leni seiner ansichtig wurde, fiel sie ihm um den Hals und drückte ihn ganz inniglich, während sich die beiden Kinder an ihn klammerten, wobei man zärtlich-leise ein: „Der Vater – unser Vater!“ vernahm. Knappe drei Wochen dauerte es, bis die Leute unten im Dorf die Sterbeglocke läuten hörten.

Vom sicheren Schuß des Leyrer-Jörgls und von seiner Kühnheit sprachen die Leute noch lange in der Gegend.

Troppberg
Hochburg
Gablitz
Rehgrabenberg
Fischergraben
Loimanshagen
Purkersdorf
Purkersdorf
Durchschlag
Wien Fluss
Armenhaus
Neue Mühle
Im deutschen Wald
Feuersteinberg
Dammbach
Paunzen
Lauber Steig
In der Wurzen

Mord bei der Roten Kreuz Marter

Linke Seite: Die Straße von Purkersdorf nach Pressbaum im 19. Jahrhundert. Der Mord an Georg Buxbaum passierte beim sogenannten „Neuen Wirtshaus".

Naß, nebelig und vor allem eisig kalt präsentierte sich die Wetterlage am 16. Jänner des Jahres 1852 in der Reichshaupt- und Residenzstadt Wien. Die Menschen auf den Straßen schützten sich mit wollenem Strickwerk gegen die Kälte, und jeder trachtete seine Erledigungen so schnell als möglich hinter sich zu bringen, um den quälenden Frost nicht allzu lange ausgesetzt zu sein. Auch der Assessor und amtierende Untersuchungsrichter Franz Rohliczek, der bis zum späten Nachmittag diverse Ermittlungen durchgeführt hatte, war auf dem Heimweg, um den Tag in verdienter Ruhe ausklingen zu lassen. Als er gegen achtzehn Uhr in seine Stube trat, wo ihn behagliche Wärme empfing und seine Haushälterin das Licht auf den Schreibtisch stellte, lag dort eine Mappe mit verschiedenen roten Siegeln. Zugleich bemerkte die Frau, daß der Amtsbote schon dreimal dagewesen sei, zuletzt jenes verschnürte Paket gebracht und gemeint habe, es würde sich schon alles finden. Der Untersuchungsrichter löste die Siegel des Schriftstückes, öffnete den Umschlag und las folgenden Bericht: Gestern Abend gegen 9 Uhr gelangte an den Gefertigten die Anzeige, daß auf der Pressbaumer Straße nächst dem Wirtshaus und ungefähr eine Stunde von Purkersdorf entfernt ein Mann mit durchschnittenem Hals liege. In Folge dessen begab sich der Gefertigte mit Begleitung an den bezeichneten Ort. Wirklich wurde dort der Beschriebene neben einem mit einem Pferde bespannten Wagen und im Blute liegend angetroffen. Das Mordinstrument, ein Stock mit Degen, lag neben der Leiche und wurde in Verwahrung genommen. Soweit es in der Nacht und bei dem Wetter möglich war, wurde von Seite des Gerichts der Thatbestand aufgenommen und sodann der Leichnam in die Todtenkammer nach Purkersdorf transportiert. *Purkersdorf, am 17. Jänner 1852. Carl Hießberger, Bürgermeister und staatsanwaltlicher Functionär.*

Am nächsten Morgen zeigte sich das Wetter wie an den vorangegangenen Tagen, der Nebel hing wie ein Leichentuch über der Gegend, die Straße bestand aus einem Gemisch aus

Schlamm und aufgerissenem Straßenunterbau, überzogen mit einer leichten Schneedecke. Die Wiener Gerichtskommission erreichte daher erst gegen 11 Uhr – nach einer vierstündigen Anfahrtszeit – den Markt Purkersdorf. Noch während der Fahrt gedachte der Untersuchungsrichter besorgt der vielen ungeklärten Kriminalfälle, die sich in den letzten Jahren in und rund um die Reichshauptstadt ereignet hatten. Auslösende Ursache für den steten Anstieg an Greueltaten, so war zumindest seine Meinung, war die wachsende Unkontrollierbarkeit der unzähligen Zuwanderer aus den unterschiedlichsten Gebieten der Kronländer. Vor allem die vielen ungelernten Hilfskräfte, die sich aus den einfachsten Bevölkerungsschichten rekrutierten und in der Umgebung des Stadtzentrums ihr Glück als Taglöhner oder Dienstboten suchten, bereiteten ihm schon lange große Sorgen.

Während Franz Rohliczek so seinen Gedanken nachhing, fuhr die Kutsche bereits durch den Torbogen nahe der alten Mautstelle. Wenig später erfuhr er vom ansässigen Gerichtspfleger J. Nepasetzky die näheren Einzelheiten über den spektakulären Mordfall. Demnach hatten am 16. Jänner zwei Bauern auf der Pressbaumer Straße zwischen der Roten Kreuz Marter und der Neumühle einen Ermordeten aufgefunden, dessen Hals, Hände und Gesicht von tiefen Einschnitten entstellt waren. Als die Gendarmen wenig später am Ort des Geschehens eingetroffen waren, fanden diese noch einen Stockdegen unter dem Fuhrwerk und zwei nebeneinander im Erdreich sichtbare Fußabdrücke. Diese stammten offensichtlich von einem hübschgeformten, schmalen Stiefel und waren rechts neben dem Wagen mit den Spitzen diesem zugekehrt, so daß man annehmen konnte, der Mörder sei vom Wagen herabgesprungen. Der Untersuchungsrichter, der den bisherigen Ergebnissen wortlos seine Aufmerksamkeit gewidmet hatte und sich dabei hin und wieder einige Notizen machte, gab Weisung, man möge ihn noch in die Leichenkammer führen, um hernach die nötigen Schritte unternehmen zu können. Wenig später bekam Franz Rohliczek den Ermordeten zu Gesicht: Bekleidet war der Tote mit einer alten Zwilchhose, ähnlich dem Gewebe, aus dem heutzutage einfache Arbeitshosen geschnitten werden, und einer Lederweste mit Knöpfen aus Zinn. Die Füße steckten in langen Stiefeln aus Kuhleder. Als das Tuch entfernt wurde, mit dem der Tote bedeckt war, gewahrten die Mitglieder der Kommission einen Mann, der zwischen 70 und 80 Jahre alt gewesen sein dürfte, das Haar bräunlich-grau vermischt und gegen die Stirne zu spärlich; die zum Teil geöffneten Augen ließen eine graue Farbe vermuten. Das Gesicht war mit geronnenem Blut stark besudelt, und als auf Geheiß des Gerichtsdieners der Totengräber das Halstuch abnahm, sah man mit Schaudern, wie die Weichteile des Halses bis an den Nackenwirbel durchschnitten worden waren. Für einige der Anwesenden, die an der Beschauung teilnahmen, war der Anblick des Ermordeten so unerträglich, daß sie den Raum verlassen mußten, um der aufkommenden Übelkeit begegnen zu können.

Der Leichnam des ermordeten Viktualienhändlers trifft in Purkersdorf ein. Zeitgenössische Xylographie.

In der Zwischenzeit hatte sich eine größere Anzahl von Ortsbewohnern bei dem Leichenhaus eingefunden, und einer von ihnen, es war der Straßenräumer Georg Biegla, erklärte, in den Getöteten den Viktualienhändler Georg Buxbaum erkannt zu haben. Er wisse auch, daß dieser jeden Donnerstag nach Wien gefahren und tags darauf gegen Abend zurückgekommen sei. Er bemerkte zudem noch, daß Georg Buxbaum selten jemanden bei sich auf dem Wagen gehabt habe und, kam es doch vor, so seien es gewöhnlich Leute aus der hiesigen Gegend gewesen. Wie ihm aber noch bekannt sei, kehrte Buxbaum auf seiner Fahrt zu Neulengbach beim Bittner, in Pressbaum beim Erasmus und zu Wien irgendwo in Mariahilf ein. Damit war die Auskunftswilligkeit des Straßenräumers Georg Biegla jedoch weitgehend erschöpft, und mit dem Hinweis, er möge sich für etwaige später anfallende Fragen

zur Verfügung halten, wurde er aus dem Zeugenkreis entlassen.
Der Untersuchungsrichter Franz Rohliczek ging nun selbst rasch an seine Aufgabe und wies die Gendarmerie-Exposituren der 1849 neugeschaffenen Bezirkshauptmannschaften an, die Ermittlungen auf ihre Ortsgemeinden auszudehnen. So kam es auch, daß bereits in den ersten Tagen nach der Gewalttat auf der Purkersdorfer Straße einige zweckdienliche Hinweise beim zuständigen Gericht einlangten. Besonders die Aussage eines Boten vom Versorgungshaus zu Mauerbach ließ die Herren der Kommission aufhorchen: „Vor ein paar Tagen kam zu uns nach Mauerbach in das Wirtshaus des Herrn Artmann ein fremder Taglöhner von Tulping oder Königstetten und ließ sich ein Glas Wein einschenken. Er wartete etwa eine Stunde, dann sagte er dem Wirt, ein Mann, der sich bei ihm zu Hause einen Stockdegen angekauft und ihn als Führer nach Mauerbach aufgenommen hatte, habe sich wegen eines Geschäftes im Ort von ihm getrennt und ihn zugleich angewiesen, im Wirtshaus zu warten, wo er ihn abholen wolle. Der Fremde kam aber nicht, und der Taglöhner hatte keinen Pfennig bei sich, um die Zeche zu zahlen. Glücklicherweise kannte er zu Mauerbach den Mühljungen Paul Haas, dieser schoß zehn Kreuzer für die Zeche vor, und der Taglöhner konnte heimgehen.“ Wollte nun der Untersuchungsrichter aus dem Munde des Taglöhners Genaueres in Erfahrung bringen, mußte er sich an das Gericht in Tulln wenden, weil die besagten Gemeinden in dessen Sprengel lagen. Obgleich die Kommunikationmöglichkeiten zur damaligen Zeit sich meist äußerst kompliziert und langatmig gestalteten, gelang es, den Gesuchten in Kürze ausfindig zu machen. Er hieß Michael Zöttl, und der Mühljunge kannte ihn seit gut zwanzig Jahren als einen zwar armen, aber rechtschaffenen Mann. Auf die Frage des Gerichtes, in welchem Verhältnis er zu dem Verdächtigen stünde, antwortete der Mann mit gereizter Stimme: „Ich fand den Menschen beim Weinhauer Simmet bei uns in Königstetten, wo er beim Wein saß und einen Hering verzehrte. Dort hat mich der Simmet auch als Bot' nach Mauerbach vorgeschlagen, und nach 12 Uhr machten wir uns auf den Weg. Obwohl der Mensch mich als Bot' aufgenommen hat, tat er so, als ob er überall selbst Bescheid wüßte. Im Wald fragte er mich plötzlich, ob es wahr sei, daß hier ein Schweinehändler umgebracht worden.“ Ich erwiderte: ‚Nicht hier, sondern zwischen Wipfing und Zeiselmauer sollen sie einen gefunden haben. Vom Mörder fehlt ihnen aber noch die Spur.'“ Zöttl erzählte dann noch, daß ihn der Gesuchte im Wirtshaus versetzt und ihm dadurch großen Schaden zugefügt habe, weil er für sich nie ein Seidl Wein bestellt hätte. Nun müsse er trachten, wie er die 10 Kreuzer zurückzahlen könne. Letztendlich beschrieb er den Verdächtigen als einen mit einem länglichen Gesicht, dessen Kinn eine spitze Form aufweise und dessen Gesicht leicht ins Rotbrüchige übergehe. Man fragte ihn noch, wie denn der Fremde angezogen wäre. Worauf Zöttl kurz

Einsames Fuhrwerk unterwegs im Wienerwald – in früherer Zeit ein nicht ungefährliches Unternehmen. Aquarell von Gustav Schwartz von Mohrenstern.

angebunden antwortete: „Wie halt a Bauer! Rock und Weste waren schwarz oder grau, die Knöpfe von schwarzem Bein. Um den Hals hat er ein rot- und gelbg'stricktes Tüchl g'habt. Die Haub'n war a schwarz, mit Pelz ausg'schlagn und der Schirm von Leder."

Wie der Zufall so spielt, meldete sich kurz darauf der Nachtwächter Binder aus Königstetten, der angab, den Gesuchten am Donnerstag, dem 15. Jänner, bei sich zu Hause beherbergt zu haben. Als Grund gab er an: „Dieser Mensch heißt Johann Hainz, ist von Sitzenberg, und ich kenne ihn seit dem Jahre 1850. Damals kam er aus dem Kriminalgerichte zu Wien über Mauerbach auf dem Schub zu uns, und ich habe die Eskorte dann nach Tulln weiterbegleitet. Mir erzählte er am 15. Jänner, daß er vor kurzem nach Rust bei Judenau gut geheiratet habe und nur da sei, um mich heimzusuchen. Um 8 Uhr am Abend mußte ich allerdings fort, um die Stunden auszurufen, um 12 Uhr legte ich mich nieder, und als ich um 7 Uhr früh wieder hinausging, schlief der Hainz noch. Ich kam erst mittags heim, und da war er schon fort."

Um den mutmaßlichen Übeltäter endlich fassen zu können, fuhr Franz Rohliczek in Begleitung von zwei Gendarmen sofort nach Sitzenberg ab, um die Fahndung voranzutreiben. Als sie am späten Vormittag beim dortigen Gemeindeamt eintrafen und über den Verbleib des Johann Hainz Auskunft erfragten, mußten sie allerdings hören, daß der Hainz seit einiger Zeit aus der Gegend verschwunden sei. Über die Gefährlichkeit des Mannes wisse man allerdings recht gut Bescheid. Johann Hainz, so hieß es, der gar bald als Kuhhändler, dann

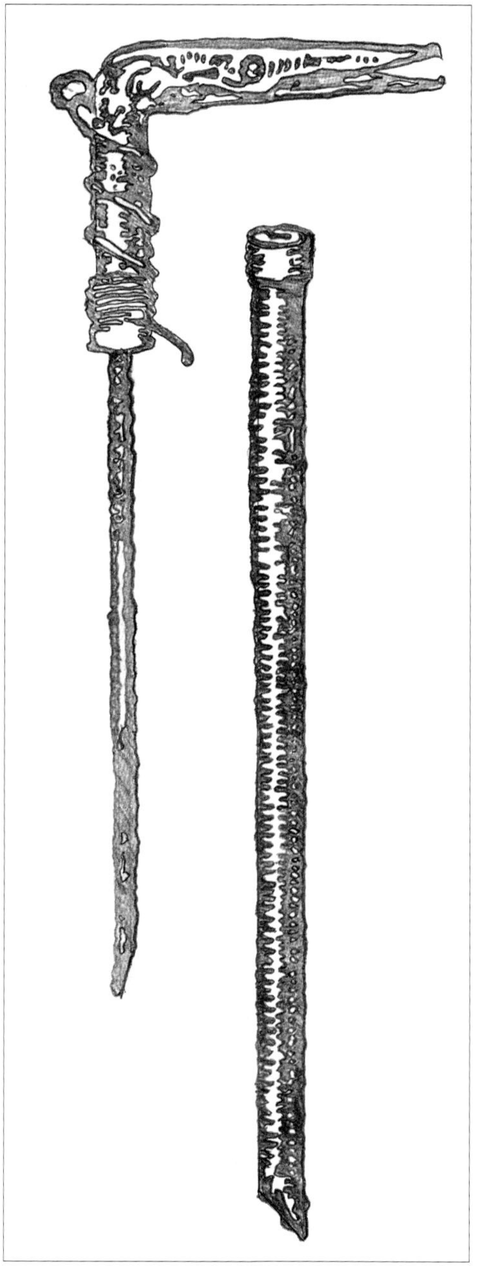

Das Mordinstrument des Johann Hainz: ein Stockdegen mit herausziehbarer Klinge

als Wein- und Fruchthändler herumstreife, sei für die Leute eine wahre Plage. Er lebe nur vom Diebstahl und Betrug und werde überdies von den Gerichten in Atzenbrugg und Herzogenburg steckbrieflich gesucht. So würden auch noch einige Befragungen zu ungelösten Mordtaten im Gebiet des Wienerwaldes anstehen, sobald man seiner habhaft werde. Enttäuscht über die nicht zustandegekommene Inhaftierung des Verdächtigen, beschloß daraufhin die Purkersdorfer Kommission, den Heimweg anzutreten, vorher jedoch besprach man sich noch mit der Strafbehörde des zuständigen Gerichtsbezirkes.

Wochen vergingen danach, und es hatte bereits den Anschein, daß es den Mordverdächtigen in der Person des Johann Hainz nie gegeben habe, als am 16. Februar überraschend ein Schreiben des Bezirksgerichtes Mautern an der

Donau in Wien eintraf. Darin wurde dem löblichen Gericht mitgeteilt, es sitze dort seit 31. Jänner ein gewisser Johann Hainz hinter Schloß und Riegel, der von Sitzenberg gebürtig sei, sich auch der Namen Hahn und Zeitlinger bediene, vorgebe, ein Vieh- oder Weinhändler zu sein, und den steckbrieflichen Forderungen nachkomme. So kam es, daß der Verdächtige mit Namen Johann Hainz am 8. März dem Wiener Strafgericht übergeben wurde. Kurz nach seiner Einlieferung wurde Hainz auch gleich dem Untersuchungsrichter vorgeführt, wobei ihn dieser erstmals über seine persönlichen Verhältnisse und über den Mord an dem Viktualienhändler Georg Buxbaum ins Verhör nahm. Er gab an, er heiße Johann Hainz, sei 29 Jahre alt, aus Sitzenberg, ledig, katholisch und Bauernknecht. Er habe sich in Unter-Bergen bei der Bäuerin Buchinger aufgehalten und sei viermal wegen Diebstahls abgestraft. Er berief sich darauf, daß er über alles das schon zu Mautern abgehört worden sei, und bestätigte, was in dem Protokoll darüber geschrieben wurde. „Nur", sagte er, „fällt mir nicht ein, daß ich mich eines anderen Vergehens schuldig gemacht hätte." Auf die Frage, ob er um Mitte Jänner in Königstetten gewesen sei, antwortete der Beschuldigte: „Ich bin heuer noch nie in diesem Ort gewesen. Das letzte Mal war ich im vorigen Jahr dort, als ich mit dem Häftlingsschub nach Mauerbach gebracht wurde." Auch als man ihn mit der Aussage des Nachtwächters wegen der Übernächtigung, der beglaubigten Personenbeschreibung des Stockdegenverkäufers und der Mitteilung des Boten aus Mauerbach konfrontierte, blieb Johann Hainz bei seiner Aussage: „Die Leute müssen sich täuschen, davon habe ich nichts gehört, weiß auch nichts davon." „Hainz!" rief da der Untersuchungsrichter Rohliczek. „Ihr versteht wohl, daß es sich um eine sehr wichtige Angelegenheit handelt! Hört mich an. Es wurde Euch bereits vorgehalten, daß Ihr die Nacht vom 15. zum 16. Jänner in Königstetten zugebracht, daß ihr tags darauf dort einen Stockdegen gekauft habt und damit in Begleitung eines Taglöhners nach Mauerbach gegangen und wenig später verschwunden seid. Nun aber wurde der erwähnte Viktualienhändler außer Purkersdorf, also unweit der Stelle, an der ihr verschwunden seid, ermordet und neben seiner Leiche jener Stockdegen gefunden, den die Zeugen als den Euren bezeugen. Was sagt ihr nun?" „Ich habe die Anschuldigungen wohl verstanden, welche gegen mich vorliegen, aber ich weiß von nichts."

Um den Beschuldigten mit einem Zeugen in Konfrontation zu stellen, holten die Gerichtsleute den Nachtwächter Leopold Binder in den Vernehmungsraum. „Ich muß dir sagen, mein lieber Hainz", begann der Gemeindediener, „daß du jetzt nicht die Wahrheit redest. Du bist auch noch später bei mir gewesen, du hast die Nacht vom 15. auf den 16. bei mir zugebracht. Außerdem hast du mir erzählt, du seist verheiratet und in Rust ansässig." Johann Hainz sah seinen Bekannten mit schmalen Augen drohend an, drehte langsam sein Gesicht zum Untersuchungsrichter Rohliczek und flüsterte mit spöttischem Grinsen: „Ich habe diesen Mann seit meiner Schubhaft im Jahre 1850 nie wieder gesehen, und am 15. und 16. Jänner war ich in einem Wirtshaus in Mautern."

Als nächste Zeugen ließ der Untersuchungsrichter den Königstettner Weinhauer Josef Simmet in den Zeugenstand holen. Auf die Fragen des Vorsitzenden antwortete dieser: „Ich kenne den Mann, der mir hier gegenübersitzt und von dem ich eben hörte, daß er Johann Hainz heißt. Bei mir gab er sich für einen Körnerhändler aus, bestellte am 16. Jänner vormittags einen Hering und etwas Wein, und wie wir so redeten, bat mich der hier Anwesende, ob ich ihm nicht etwas geben könne, da stärker als sein jetziger Stock sei, denn er sei niemals ganz ohne Geld unterwegs. Um ihm einen Gefallen zu tun, suchte ich in den alten Gerätschaften, wo ich wenig später einen Stock mit ausziehbarer Klinge fand, der noch vom seligen Vater meiner Frau stammen dürfte. Da ich selbst keine Verwendung für das alte Zeug wußte, wurden wir handelseins, und wir einigten uns auf 2 Gulden 15 Kreuzer Wiener Währung. Der da hier sitzt, gab mir aber bloß 2 Münzscheine zu sechs Kreuzer als Darangabe, sagte, er müsse noch nach Mauerbach, und wenn er am Rückweg sei, wolle er mir den Rest aufzahlen. Weil nun just der Zöttl Michel aus dem Ort in die Stube kam, nahm ihn, auf mein Zureden, der Dortige – und dabei zeigte er auf Johann Hainz – gleich als Boten nach Mauerbach. Spät abends hat mir der Zöttl geklagt, der schlechte Mensch habe ihn im dortigen Wirtshaus warten lassen, sei aber nicht mehr gekommen. Auch ich selbst hab' bis zum heutigen Tag diese Person nicht mehr gesehen."

Johann Hainz, der dem Simmet seit seinem Eintreten kein einziges Mal in die Augen gesehen hatte, zeigte sich von den gegen ihn erhobenen Vorwürfen in keinster Weise beeindruckt. Monoton erklärte er nur: „Ich kenne diesen Menschen nicht, ich habe ihn nie gesehen oder mit ihm gesprochen und daher auch nie etwas bei ihm gekauft." Als das Gericht daraufhin zu fortgeschrittener Stunde noch den Taglöhner Michael Zöttl und die Kellnerin Magdalena Obermaister vom Gasthaus des Herrn Artmann aus Mauerbach in den Zeugenstand zum Schwur rief und beide die Aussagen der vorherigen Zeugen aufs genaueste komplettierten, schloß der Vorsitzende die Beweisaufnahme, und die Gerichtsherren zogen sich zur Beratung zurück. Damit war die Voruntersuchung beendet, wobei im Anschluß dem Inquisiten Hainz eröffnet wurde, daß er nach dem Erkenntnis des Obergerichtes wegen Verbrechens des „Raubmordes" an das Landesgericht verwiesen würde.

Der 25. Oktober war der Tag, an dem die Hauptverhandlung begann. Dem Angeklagten wurde, infolge seiner desolaten Verhältnisse, der Advokat Dr. Eberle zugesprochen. Gleich am Beginn der Verhandlung konfrontierte Dr. Josef Krenn als Ankläger den Inhaftierten neuerlich mit der vorhandenen Beweislage, aber Johann Hainz blieb fest und unverändert bei dem, was er in der Voruntersuchung ausgesagt hatte. Erstmalig wurde dabei der Angeklagte zu einigen Morden befragt, die bisher nicht zur Sprache gekommen waren, deren Tatort aber auch im Wienerwald lag. Diesmal konnten zwar keine Zeugen gegen Johann Hainz auftreten, die Richter merkten aber deutlich, wie der Angeklagte merklich unruhig wurde. Der Angeklagte entzog sich der angespannten Situation, indem er plötzlich aufstand und dem Gericht entgegnete: „Ich muß bei dem bleiben, was ich gesagt habe. Ich kann also an meiner Aussage nichts ändern und habe auch nichts beizusetzen."

Nachdem das Gericht die Schlußworte des Inhaftierten gehört und dessen Advokat einige nichtssagende Bemerkungen hinzugefügt hatte, kam man zum Entschluß, aufgrund der Indizien den Verhafteten zumindest im Mordfall des Georg Buxbaum und im weiteren des Diebstahls und Betruges für schuldig zu erklären. Sie fällten ein Todesurteil. Johann Hainz vernahm den Urteilsspruch mit der gleichen Gelassenheit, mit der er schon bei den Vernehmungen aufgefallen war. Der Vollständigkeit halber muß noch erwähnt werden, daß die Strafe am 4. November 1852 in lebenslänglichen schweren Kerker mit hartem Lager umgewandelt wurde.

Die Dienstmädchenmörder

Als in den frühen Vormittagsstunden des 19. November 1891 einige Holzfäller auf den Wienerwaldhängen nahe der Gemeinde Neulengbach mit der Rodung eines Waldstückes beschäftigt waren, machten sie eine schreckliche Entdeckung. Unmittelbar neben einem alten Wurzelstock lagen, kaum verdeckt vom modrig-feuchten Laub des letzten Jahres, die sterblichen Überreste einer Frau. Das Skelett lag in seitlicher, zusammengekrümmter Lage, offensichtlich war das Opfer kurz vor seinem Tode einem entsetzlichen Martyrium ausgesetzt gewesen. Bereits gegen 11 Uhr traf, von Neulengbach kommend, eine Gerichtskommission am Fundort ein, bald in der Überzeugung, einem der grauenhaftesten Kriminalfälle Österreichs auf der Spur zu sein. Schon vier Tage zuvor, am 15. November, war man ebenfalls auf die Reste einer Frauenleiche gestoßen, deren noch sichtbare Verletzungen auf ein Gewaltverbrechen hingedeutet hatten. Diese zwei Toten sollten aber nicht die einzigen Opfer in diesem Wienerwald-Kriminalfall gewesen sein ...

Linke Seite: Der Schädel des Mörders Franz Schneider im Kriminalmuseum Wien

Begonnen hatte die ungeheuerliche Mordserie, die man getrost zu den schrecklichsten des 19. Jahrhunderts zählen darf, schon am 26. Juli 1891 durch die Auffindung einer toten Frau. Wie der Gendarmerieposten Neulengbach in seiner Meldung angegeben hatte, dürfte die etwa 160 cm große Frau zwischen 18 und 30 Jahre alt gewesen sein, mit länglichem Haar, dessen Farbe ehemals dunkelblond gewesen sein dürfte. Nähere Einzelheiten über Gesichtszüge oder Verletzungen konnten nicht angegeben werden, da hochgradige Verwesung auch diesmal eine Identifizierung unmöglich machten. Einzig und allein die vorgefundene Bekleidung gab einen einigermaßen sinnvollen Hinweis auf die Identität: Ein rot- weiß gestreifter Unterrock, ein graues Mieder, helle Strümpfe mit roten Gummistrumpfbändern und ein Strohhut mit schwarzen Bändern bildeten die einzigen Anhaltspunkte. Da es bis zur Auffindung der Toten keine sachdienlichen Hinweise zur Identität der aufgefundenen Person gab, ersuchte das Sicherheitsbüro Wien mittels einer Einschaltung in den Wiener Tageszeitungen um Mithilfe bei der Aufklärung des

Die Auffindung der Leiche des ermordeten Dienstmädchens Friederike Zoufar. Zeitgenössische Xylographie.

mysteriösen Falles. Der Bericht, der in weiten Kreisen der Bevölkerung größtes Interesse hervorrief, wurde auch vom 27jährigen Goldschmied Karl Hornung gelesen, wobei dem jungen Mann sogleich die schlimmsten Befürchtungen in den Sinn kamen. Seit Wochen versuchte dieser nämlich seine Geliebte wiederzufinden, die nach dem Aufsuchen eines Dienstvermittlungsbüros in Wien wie vom Erdboden verschwunden war und damals ähnliche Kleider getragen hatte, wie sie in der Mitteilung beschrieben wurden. Vor ihrer Abreise hatte sie ihm noch erzählt, daß sie eine neue Stelle als Dienstmagd in einer herrschaftlichen Villa im niederösterreichischen Rekawinkel antreten wolle. Karl Hornung, der dies in böser Vorahnung zu Protokoll gab, erwähnte noch, daß seine Geliebte Marie Hottwanger heiße und sie, wenn er sich recht erinnere, den Vermittler als „eigenartig“ bezeichnet habe. So hatte sie ihrem Verlobten erzählt, daß der Mann, der das Anbahnungsgespräch mit ihr geführt habe, äußerst nervös gewirkt und sie einige Male gefragt habe, ob sich wirklich keine Verwandten sorgen würden, wenn ihr neuer Dienstort außerhalb von Wien wäre. Als man dann Stunden später Karl Hornung in der gerichtlichen Depositenstelle noch die Kleidungsstücke vorlegte, konnte dieser mit Sicherheit erkennen, daß sie einst im Besitz seiner verschwundenen Freundin gewesen waren.

Mit diesen zwar spärlichen, doch am Ende recht zweckmäßigen Angaben begannen die Recherchen der Justiz. Und wie in vielen anderen Fällen sollte auch hier der Zufall einen wesentlichen Beitrag zur Festnahme des gesuchten Mörders leisten. Kaum zwei Tage nach der Einvernahme des verzweifelten Karl Hornung sollten vergehen, da erstattete eine gewisse Anna Djuris beim Gendarmerieposten Neulengbach Anzeige, wobei sie folgendes angab: Ein ihr Unbekannter habe sie unter dem Vorwand, er könne ihr einen lukrativen Dienstposten bei einer Baronin in Neulengbach verschaffen, in den Wald gelockt, sie dort auf das heftigste gewürgt und hernach vergewaltigt. Nur ihrem lauten Schreien und ihrer Gegenwehr sei es zu verdanken, daß sie noch unter den Lebenden weile, betonte die am ganzen Leib Zitternde. So schmerzlich und entwürdigend die schreckliche Tat für das Dienstmädchen Anna Djuris an Leib und Seele auch gewesen sein mag, für die Beamten ergaben sich erstmals Anhaltspunkte, die eine systematische Verfolgung des Täters überhaupt ermöglichten. Wie sich nämlich bei den weiteren Vernehmungen herausstellte, hatte das Mädchen ihren Peiniger kurz vor seiner teuflischen Tat in einer Dorfschenke nahe des Dorfes Haag getroffen, wobei der dortige Gastwirt überraschend angab, den Gesuchten zu kennen. Seines Wissens heiße der Mann Franz Schneider, sei zu Wien ansässig und dürfte, so meinte er noch, eine recht liederliche Person sein. Als ihn der Gerichtkommissär fragte, wie er denn zu dieser Meinung komme, erwiderte der Wirt: „Ich bin jetzt über 25 Jahre im Geschäft und höre so manches Wort, auch wenn ich's nicht hören möchte.

Was der Schneider aber, den ich schon mit vielen Frauenzimmern gesehen habe, denen vorlügt, hab' ich noch nie gehört!" Er beschrieb ihn noch als einen eher unscheinbaren kleingewachsenen Mann mit schmalem, länglichem Gesicht und dunklen Augen.

Aufgrund dieser Indizien nahmen mehrere Polizeibeamte sofort die Verfolgung des mutmaßlichen Mörders auf. Die erste heiße Spur wies nach Wien-Rudolfsheim, wo Franz Schneider mit seiner Gattin Rosalia in der Rustengasse gemeldet war. Beim Eintreffen der Ermittler an der angegebenen Adresse mußten die Justizbeamten allerdings in Erfahrung bringen, daß die Gesuchten vor geraumer Zeit ihre bisherige Unterkunft gekündigt hatten und nach Baden übersiedelt waren. Der genaue Aufenthaltsort war aber weder den Nachbarn noch dem Hauseigentümer bekannt. Auch die Nachfrage in der Kurstadt verlief unbefriedigend, und so blieb den Ermittlern keine andere Wahl, als in akribischen Nachforschungen den Verbleib von Rosalia und Franz Schneider in Erfahrung zu bringen. Diese zeitaufwendige und mühsame Arbeit sollte schon bald von Erfolg gekrönt sein – wenige Tage, nachdem die Fahndung intensiviert worden war, gelang es einigen Polizeiagenten, das gesuchte Ehepaar, das sich unter dem Namen „Riedler" in der Rudolfsgasse 28 eingemietet hatte, auszuforschen und festzunehmen. Nun begannen die Beamten mit der Visitation der Räumlichkeiten, um etwaige Spuren zu sichern. Obwohl die Wohnung äußerst klein war, gestaltete sich die Durchsuchung derselben als überaus schwierig.

Abgesehen davon, daß unsagbar viel Gerümpel einen Hauptteil der Einrichtung darstellte, erwiesen sich die bereits Arretierten als unsauber und überaus schlampig. Die beiden Wohnräume versanken förmlich in einem unbeschreiblichen Konglomerat aus verdrecktem Geschirr, prall gefüllten undefinierbaren Stoffsäcken und Schachteln.

Dreiföhrenwald bei Rekawinkel, 23. Juli 1891: Die Taglöhnerin Johanna Stoiber führt die Gendarmen zu der von ihr entdeckten Leiche des Dienstmädchens Marie Hottwanger. Zeitgenössische Xylographie.

Die Wiener Dienstmädchen-Mörder.

Im Sommer 1891 drang von Wien aus die Kunde, daß in der Nähe der österreichischen Reichshauptstadt eine Reihe scheußlicher Mädchenmorde verübt worden seien. Der Hauptschauplatz der Verbrecher war das Neulengbacher Gehölz. Die fieberhafte Thätigkeit der Polizei entdeckte denn bald in dem Ehepaar Franz und Rosalie Schneider die Mörder.

Franz Schneider ist ein vielfach vorbestraftes Individuum, 35 Jahre alt und zu Murstetten geboren; seine Frau Rosalie ist um fünf Jahre älter. Die beiden Gatten verbanden sich, um harmlose Dienstmädchen durch Stellenangebote in den Hinterhalt zu locken, dort zu erwürgen und das vorgefundene Geld untereinander zu theilen.

Am 25. Mai 1891 begegnete Schneider der Johanna Stoiber am Rennweg, lockte sie durch Vorspiegelung einer glänzenden Stellung in den Wald. Dort hieß er sie an der Kapelle beten und that ihr dann Gewalt an. Als er jedoch gewahrte, daß die Stoiber kein Geld bei sich hatte, ließ er sie nach einer furchtbaren Nacht am folgenden Morgen ziehen.

Das zweite Opfer war Anna Djuris, die er am 1. Juni bei der Rochuskirche an der Landstraße kennen lernte und in's Neulengbacher Gasthaus lockte. Da sich die Djuris weigert, Schneider in den finsteren Wald zu folgen, versuchte der Unhold ihr im Gasthauszimmer Gewalt anzuthun und sie zu würgen. Er mußte jedoch mit zerkratztem Gesichte ohne Erfolg abziehen.

Desto besser gelang ihm am 21. Juni sein teuflischer Plan mit Rosalie Kleinrath. Das unerfahrene, achtzehnjährige Mädchen ging auf das glänzende Angebot eines Dienstes bei einer Gräfin ein, folgte Schneider mit ihren Habseligkeiten durch den Wald und wurde von ihm erwürgt. Die beraubte und entstellte Leiche fand man unter einem Baum vor.

Am 2. Juli führte Schneider mit seiner Frau die Marie Hottwanger unter Vorspiegelung eines Dienstes ebenfalls in den Wald. Er würgte sie ab, zog der Leiche sämmtliche Kleider ab und warf dieselben kaum zehn Schritt vom Thatorte von sich. Dort fand man auch die zerrissenen Papiere. Die Baarschaft hatte das Mörderpaar mitgenommen.

Kaum eine Woche später fiel unter Beihülfe der Rosalie Schneider das letzte Opfer Frieda Zoufar am 8. Juli. Man führte das Mädchen in den Wald, dort schlug ihr Schneider die Füße weg, daß sie zur Erde fiel, warf sich über dieselbe und erwürgte sie rasch, sodaß die Zoufar kaum einen Laut mehr von sich geben konnte.

Der Verdacht der Thäterschaft fiel bald auf das Schneider'sche Ehepaar, man schritt zur Verhaftung. Rosalie Schneider unternahm im Gefängnisse einen Selbstmordversuch. — Unter strengster Bewachung wurde nunmehr das Mörderpaar dem Schwurgerichte zugeführt, dessen Vorsitz Vice-Präsident Dr. Ritter von Holzinger führte. Als Staatsanwalt figurirte Oberlandesgerichtsrath von Soos.

Von äußerster Wichtigkeit für den Prozeß wurde das Geständniß der Rosalie Schneider, zu welchem sich diese bequemte, als man sie vor den Schranken des Schwurgerichts ausfragte. Anfänglich freilich versuchte sie es, sich in ein Lügengewebe einzuspinnen; allein sie verwickelte sich bald in allerlei falsche Aussagen und zog es endlich vor, die Wahrheit zu reden.

Dann kam der denkwürdige Moment, in welchem die beiden Ehegatten wie Tiger und Schlange aufeinander platzten, in welchem sie sich unter lautloser Stille des zahlreichen Auditoriums in ihrer Wuth gegenseitig die furchtbarsten Enthüllungen machten und damit zugleich dem Gerichtshofe einen vollen Einblick in ihr schändliches Treiben boten.

So sprachen denn die Geschworenen das „Schuldig!" aus und der Gerichtshof verurtheilte am 29. Januar 1892 die menschlichen Scheusale zum Tode durch den Strang. Geschlossen in Handschellen und finsteren Blickes wurde Franz Schneider abgeführt, indessen sein Weib verzweifelt in lautes Jammern ausbrach. Beider harrt der Galgen!

An jenen Stellen des Waldes, wo die Gensdarmerie mit Bluthunden die modernden Gebeine der drei ermordeten Mädchen, Rosalie Kleinrath, Marie Hottwanger und Frieda Zoufar, aufgefunden hatten, errichtete man drei Gedenktafeln, damit die Vorübergehenden ein stilles Gebet für die armen Seelen der Verstorbenen verrichten können.

Der Fall Franz und Rosalia Schneider war die Wiener Mediensensation der Jahre 1891/92.

Die Opfer Franz Schneiders: Friederike Zoufar (rechts oben) und Marie Hottwanger (links unten). Das Dienstmädchen Anna Djuris (rechts unten) wurde von ihm vergewaltigt, konnte jedoch entkommen und die entscheidende Anzeige erstatten. Die Taglöhnerin Johanna Stoiber (links oben) entdeckte die Leiche Marie Hottwangers.

Rosalia Schneider vor dem Richter. Zeitgenössische Xylographie.

Und über all dem lag ein süß-säuerlicher Gestank von alten Speiseresten, Moder und Schimmel – für die Erhebungsbeamten, die mit der Suche nach Beweismaterial beschäftigt waren, wahrlich ein Grund, ihre Berufung als Kriminalisten neu zu überdenken!

Nach genauester Durchsicht des Inventars stießen die Beamten nicht nur auf Gegenstände, die der getöteten Marie Hottwanger gehört hatten, sondern sie fanden auch eine Reihe von Dienstbüchern von jungen Frauen, die in letzter Zeit als vermißt gemeldet waren. Für die Vernehmungsbeamten erhärtete sich daher der Verdacht, einem Gewaltverbrechen ungeheuren Ausmaßes auf der Spur zu sein. Die Vernehmungen konnten beginnen. Da man von ihr schwächeren Widerstand erwartete, wurde zuerst Rosalia Schneider, die Frau des Verdächtigen, dem Gericht vorgeführt. Als sie den Saal betrat, ging ein Raunen durch die Reihen der Anwesenden. Die Frau war mittleren Alters, von hagerer Statur und hatte ein schmales, längliches Gesicht mit dunklen, stechenden Augen. Ihr Haar war kurz geschnitten und strähnig, am Leib trug sie eine doppelreihige Jacke mit rotem Rock aus baumwollenem Stoff. Nachdem die Inhaftierte auf einer Bank Platz genommen hatte, begann der Vorsitzende mit der Befragung. Doch sosehr sich das hohe Gericht mit der Angeklagten auch abmühte, Rosalia Schneider schwieg. Für die Gerichtskommissäre eine unbefriedigende Situation, und so waren die Herren bereits geneigt, die Verhandlung zu unterbrechen, als die Frau mit einem Male aufsprang, zum nahen Fenster lief und sich ins Freie stürzte. Während sich im Saal lähmende Bestürzung breitmachte, eilten die beiden Justizbeamten, welche für die Sicherheit bei den Verhandlungen bereitstanden, sowie der anwesende Gerichtsdiener zu jener Stelle des Gefangenenhofes, wo Rosalia Schneider nach ihrem Sturz liegen mußte. Sie hegten die schlimmsten Befürchtungen und waren daher um so erstaunter, als sie Rosalia Schneider mit einem Schock, aber

Die Dreiföhrenkapelle bei Rekawinkel. Nicht weit von dieser Stelle wurde Marie Hottwanger von der „Würgemaschine“ Franz Schneider getötet.

ansonsten nur mit leichten Verletzungen vorfanden. Nachdem dies ein herbeigeholter Arzt bestätigt hatte, wurde die versuchte Selbstmörderin wieder in ihre Zelle geführt.

Das Gespräch über den Vorfall war noch nicht abgeklungen, als das Gericht von einem Wärter des Gefangenenhauses benachrichtigt wurde, daß die Inhaftierte ein Geständnis abzulegen wünsche. Die folgende Aussage sollte alle Erwartungen der Gerichtskommissäre übertreffen. In einem langen, ausführlichen Verhör gestand die Frau, ihrem Gatten Franz Schneider, der sie angeblich auch selbst bedroht hatte, in einigen Fällen bei der Ermordung von weiblichen Personen behilflich gewesen zu sein. Die beiden hatten nicht nur die kaum 26 Jahre alte Marie Hottwanger in das Neulengbacher Gehölz gelockt, wo sie von Franz Schneider erwürgt worden war, sondern auf ihrem Gewissen lastete auch die Ermordung der erst achtzehnjährigen Rosalia Kleinrath und der einundzwanzigjährigen Friederike Zoufar.

Über die anderen in der Wohnung aufgefundenen Dienstbotenbücher konnte oder wollte Rosalia Schneider keine Angaben machen.
Diese Darstellung genügte dem hohen Gericht, um den Schwurgerichtsprozeß gegen das Ehepaar Schneider für den 25. Jänner 1892 anzuberaumen. Den Vorsitz führte der Vizepräsident Dr. Ritter von Holzinger, als Staatsanwalt figurierte Oberlandesgerichtsrat von Soos. Die Verhandlung selbst brachte nichts wirklich Überraschendes mehr. Als Motiv für ihre Taten gaben beide Raub an. Wie weit die Abnormität der beiden bei ihren Verbrechen eine Rolle gespielt hatte, konnte auch das Gericht nicht aufdecken. Rosalia Schneider bezichtigte weiterhin ihren Mann der alleinigen Schuld an den Taten, die sie begangen hatten. Dieser wiederum beschuldigte seine Frau als die eigentliche Anstifterin zu den Morden. Als Rosalia Schneider in theatralischer Weise noch in lautes Jammern ausbrach und sich als armes Weib präsentierte, wurde das üble Spiel sogar dem Staatsanwalt zu bunt. Sich aus der Richterbank erhebend, herrschte er die selbstgefällige Angeklagte in barschem Ton an: „Mir kommt vor, daß ihr beide recht gut zusammenpaßt, jeder halt auf seine Art. Der Mann als Würgemaschine – mit seinem Hang fürs Abartige, und sie – die Frau – schaut zu und ermuntert wegen der leicht erreichbaren Geldbörsen!" Als die Angeklagten merkten, daß auch der letzte Versuch ihrer fragwürdigen Verteidigungsstrategie nicht die erhoffte Wirkung zeigte, reagierten sie mit Verzweiflung: Während Rosalia Schneider hysterisch zu schreien begann, trat bei Franz Schneider eine wahre Bewußtseinsveränderung ein – sein Blick verfinsterte sich, und eine krampfartige Anspannung durchlief den Körper des Angeklagten. Die Beamten, die den Vorgang glücklicherweise bemerkt hatten, hielten die Fesseln krampfhaft in ihren Händen, um den unmittelbar bevorstehenden Tobsuchtsanfall des Serienmörders einigermaßen abfangen zu können. Es war keinen Augenblick zu früh. Franz Schneider versuchte zwar, seinem Schicksal zu entkommen, die Eisen an Händen und Füßen vereitelten diesen Versuch aber im Ansatz. Einige Stunden später fiel das Urteil der Geschworenen. Der Spruch lautete für Franz und Rosalia Schneider: Tod durch den Strang.
Franz Schneider wurde am frühen Morgen des 17. März 1892 im Hofe der Justizanstalt in der Theobaldgasse hingerichtet. Das Strafausmaß der Rosalia Schneider wurde gnadenhalber auf allerhöchsten Befehl in lebenslangen schweren Kerker umgewandelt. Die Leichen jener noch vermißten Mädchen und Frauen, deren Dienstbotenbücher bei den Schneiders entdeckt worden waren, wurden nie gefunden. Franz und Rosalia Schneider nahmen das Geheimnis über die genaue Anzahl der Ermordeten mit ins Grab.

Eine Tote geht um

Fährt man die alte Saumstraße südlich von Sooß entlang, würde man nicht vermuten, daß sich hier in dieser Gegend einer der geheimnisvollsten Vorfälle des vergangenen Jahrhunderts ereignet haben soll. Wie es dazu gekommen ist, erzählt die folgende Geschichte.

Es geschah an einem der Tage unmittelbar vor Allerseelen des Jahres 1881. Die Landschaft zeigte sich schon seit Wochen in spätherbstlichen Pastellfarben, und immer seltener gelang es dem Wind, die schleierartigen Nebelschwaden aus den Talfurchen zu treiben. Die Weinstöcke auf den unteren Rieden des Harzberges warfen schon lange Schatten und zeigten dadurch den nahenden Abend an, als der alte Weinbauer Matzinger aus Bad Vöslau seine beiden Pferde noch einmal kurz antrieb, um sein Gespann auf den offenen Feldweg nächst des Hörnbaches zu lenken. Unter normalen Umständen hätte er den Weg nach Baden sicherlich früher angetreten, nicht aus Furcht vor Wegelagerern oder anderem Gesindel, das sich allabendlich um die Dörfer herumtrieb, sondern aus der Überlegung heraus, das Fuhrwerk könnte unterwegs Schaden nehmen – eine Reparatur hätte ihm in seinem Alter schon erhebliche Mühe bereitet. Wie gesagt, unter normalen Umständen hätte sich der Matzinger um diese Zeit nicht mehr auf den Kutschbock gesetzt, doch damals im Herbst wären mehr als zwei Hände nötig gewesen, um der anfallenden Arbeit Herr zu werden. Da sich der Weinbauer letztendlich aber auf seine beiden Rösser verlassen konnte, entschloß er sich dann doch für die Fahrt in die nicht allzuweit entfernte Stadt. Es dauerte auch nicht allzu lange, bis das Gespann die letzten Häuser hinter sich gelassen hatte und die Pferde in leichten Trab übergingen.

Linke Seite: Ein uraltes Trauma der Menschen: die Angst vor der Wiederkehr der Toten

Kurz nach der Weggabelung zur Waldandacht bemerkte der Weinbauer plötzlich eine dunkelgekleidete Frau, die sich langsam und, wie es schien, auch sehr mühevoll am Straßenrand entlangschleppte. Für den alten Weinbauern war es selbstverständlich, daß er die Zügel zurücknahm, und als er auf gleicher Höhe mit der Fremden war, fragte er, ob sie nicht ein Stück mitfahren wolle. Doch im selben Moment bereute er auch schon das Gesagte. Die Alte, die seitlich vom

Wagen stand und ein Tuch über das halbe Gesicht gezogen hatte, strahlte eine derartige Kälte aus, daß den Weinbauern ein unangenehmes Gefühl beschlich. Ehe er sich aber darüber ernsthafte Gedanken machen konnte, stieg die Unbekannte bereits auf den Wagen und deutete ihm mit einer kurzen Geste weiterzufahren.
Es war schon dunkel, als das Fuhrwerk von den Feldwegen des Hartberges abbog, um am nahen Friedhof vorbei in die Stadt einzufahren. Da spürte der Weinbauer, wie ihn seine unheimliche Begleiterin leicht an der Schulter berührte. Erschrocken zügelte er die Pferde, drehte sich um, und während das schwere Gefährt rasch an Fahrt verlor, bemerkte er gerade noch, wie die merkwürdige Gestalt lautlos vom Wagen glitt und mit traumwandlerischer Zielstrebigkeit dem offenen Friedhofstor zustrebte. Warum der alte Weinbauer Matzinger, der den Ablauf der bisherigen Geschehnisse verstört beobachtet hatte, wenig später wie in Trance vom Kutschbock stieg, um der Fremden zu folgen, konnte er später nicht mehr erklären. Gefunden hat er die geheimnisvolle Frau nicht mehr. Einzig das dunkle Tuch, mit dem sie ihr Gesicht bedeckt gehalten hatte, lag vor einem frisch zugeschütteten Grab, in dem eine Verunglückte aus dem nahen Bad Vöslau lag.

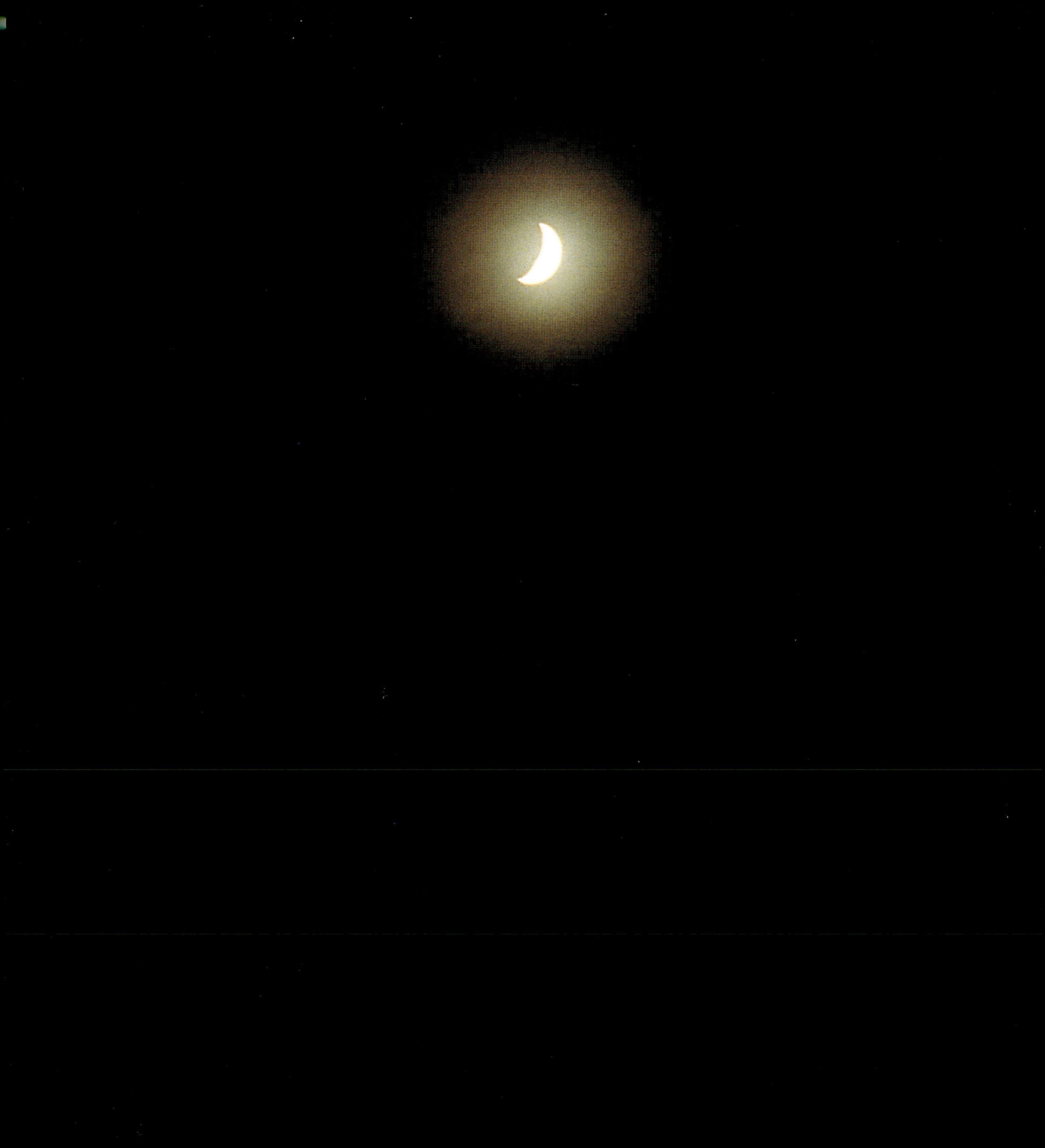

Die Grammeltonlhöhle im Kalenderberg von Mödling

Linke Seite: Das Opfer eines fatalen Justizirrtums: Anton Pisseker vulgo „Grammeltonl“ in seiner Bettlertracht

Es sollte ein fröhliches, unbeschwertes Erlebnis werden, das Fest am 18. Juli des Jahres 1908 in der Hinterbrühl. Was daraus wirklich wurde, erzählt die folgende Geschichte. Schon am frühen Nachmittag dieses Tages versammelten sich die Leute aus der näheren Umgebung in der Nähe des Festplatzes, um die hektischen Vorbereitungen möglichst aus der Nähe miterleben zu können. Unter ihnen war auch der damals 26jährige Anton Pisseker aus dem nahen Maria Enzersdorf. Der aus gutem Haus stammende Bürgerssohn war eigentlich so gar nicht der rechte Luftikus, der sich auf Kirtagen besonders gerne herumtrieb, doch Freunde aus der Nachbarschaft hatten ihn dazu überreden können, den sonnigen Tag bei Musik und Wein ausklingen zu lassen.

Die kleine Gruppe hatte bereits einen Tisch neben dem Tanzpodium bezogen und war guter Dinge, als Anton Veronika, ein Mädchen aus seinem Ort, erblickte, dessen Schönheit ihn schon seit langem in den Bann zog. Auch Veronika, deren Vater mit den Eltern Antons in geschäftlicher Verbindung stand, fühlte sich zu dem jungen Burschen hingezogen. Als sich ihre Blicke zufällig trafen, glaubte Anton ein kokettes Lächeln in ihrem Gesicht wahrnehmen zu können. Ermuntert durch seine Freunde, die die beginnende Romanze bemerkt hatten, ging der junge Mann auf das Mädchen zu, um es an seinen Tisch zu bitten. Was sich dann in den darauffolgenden Minuten wirklich ereignet hat, konnte nicht mehr geklärt werden. Einige Leute, die etwas später von der Polizei als Zeugen vernommen wurden, sagten aus, Anton Pisseker habe einen Freund des Mädchens zu Boden gestoßen. Andere wieder behaupteten, Pisseker sei unverschuldet in den Raufhandel geraten. Wie schon erwähnt, eine klare Aussage konnte von keinem der Anwesenden gemacht werden. Schreckliche Tatsache war allerdings, daß am Ende dieser Auseinandersetzung ein Todesopfer zu beklagen war: Ein 23jähriger Festplatzbesucher verstarb an den Folgen mehrerer Messerstiche. Als die Beteiligten kurze Zeit später einem neuerlichen Verhör unterzogen wurden, gab einer von ihnen zu Protokoll, er könne sich erinnern,

Pisseker mit einem Messer in der Hand gesehen zu haben. Als Anton, der ruhige, sensible Bursche aus gutem Haus, mit dieser Aussage konfrontiert wurde, brach er zusammen, unfähig, unter dieser massiven Anschuldigung den Sachverhalt einigermaßen erklären zu können.

Bei der darauffolgenden Gerichtsverhandlung beteuerte Anton Pisseker seine Unschuld zwar immer wieder, da aber der Zeuge auch unter Eid seine Wahrnehmung wiederholte, wurde Anton zu lebenslanger Haft verurteilt. Jahre der Verzweiflung folgten, sein Vater verstarb, die Mutter einige Zeit später – an gebrochenem Herzen wie die Leute behaupteten; das Elternhaus wurde versteigert, und Anton verlor jegliche Hoffnung auf eine Wiedereingliederung in das gesellschaftliche Leben.

Diese hoffnungslose Situation sollte über zwanzig Jahre dauern, genauer gesagt bis zu dem Tag, an dem ein Geistlicher aus Mödling zu einem Todkranken gerufen wurde, um ihm die Beichte abzunehmen und die Letzte Ölung zu geben. In diesem Gespräch, das einer letzten Gewissenserleichterung diente, gestand der vom Tod Gezeichnete jene grauenvolle Tat vom 18. Juli 1908, die Anton Pisseker angelastet worden war. Bei dem Sterbenden handelte es sich um jenen Zeugen von einst, dessen Aussage zur Verurteilung Antons geführt hatte.

Dieses späte Geständnis des wahren Täters bewirkte, daß an einem grauen Oktobertag des Jahres 1928 ein 46jähriger, an Leib und Seele gebrochener Mann den Zellentrakt des Gefangenenhauses zu Wien verlassen konnte. Zurückgekehrt in seine alte Heimat, sah sich Anton Pisseker vor unlösbare Probleme gestellt. Des Elternhauses verlustig und mittellos, von den Mitmenschen teils gemieden, teils bemitleidet, zog sich der heimatlos Gewordene oft tief in die Wälder rund um den Anninger zurück. Immer seltener bekamen die Leute Anton Pisseker zu Gesicht, und wenn man seiner ansichtig wurde, dann waren es meist der Hunger oder die Kälte, die ihn in die Nähe der Häuser trieben. Etwas Brot und Grammeln gab man ihm, wenn er frierend durch die Gassen von Mödling oder Maria Enzersdorf lief, vom einfachen Volk bekam er daher auch einen Namen, sie nannten ihn „Grammeltonl".

Wie und vor allem wo er seine restliche Zeit verbrachte, das wußte lange Zeit keiner. Bis zu jenem Tage, an dem eine alte Kräutlerin die Hänge des Kalenderberges nach seltenen Heilpflanzen absuchte und in der Nähe des „Schwarzen Turms" auf eine Höhle stieß, aus der schwacher Rauch drang. Als sie sich vorsichtig der Höhlenöffnung näherte, erkannte sie im Halbdunkel des Felsenportals die Gestalt von Anton Pisseker. Überrascht von ihrer eigenen Entdeckung, versuchte sie hastig einige belanglose Sätze zu formulieren. Anton, dessen Feinsinn sich auch in den Jahren der Ausgrenzung erhalten hatte, bemerkte ihre Unsicherheit und sprach daher mit betont freundlicher Stimme: „Keine Angst, wenn ich auch hier in diesem Erdloch wohne, so bin ich fürwahr nicht der Leibhaftige". Wobei er mit seltsamem Unterton hinzufügte: „Auch wenn ich

Menschenunwürdige Verhältnisse: das trostlose „Heim" des Grammeltonl am Kalenderberg (siehe auch nachfolgende Doppelseite). Nur die kalten Winternächte verbrachte er in einem Hinterzimmer des Gendarmeriepostens Hinterbrühl.

oft glaube, er besucht mich manchmal." Die Kräutlerin – die schon so manches über den Grammeltonl gehört hatte – war ob dieser sympathischen, offenen Wesensart nicht nur überrascht, sie fand sogar, daß eine gewisse Warmherzigkeit von ihm ausging. „Angst habe ich keine", erwiderte sie, während sie sich die Rucksackriemen von den Schultern streifte, „aber so etwas passiert einem nicht alle Tage, daß einer aus einer Höhle kommt". „Es passiert auch nicht alle Tage, daß man einen Unschuldigen aus der menschlichen Gemeinschaft aussperrt", entgegnete der Angesprochene. Die Kräutlerin wischte mit der Hand über einen Steinvorsprung, setzte sich und langte in ihren Rucksack, um dem Grammeltonl ein Stück Brot zu reichen. „Ich hab' von eurer Geschichte schon gehört", sagte sie, „schlimm, wirklich schlimm, wie einen die Leut' behandeln können." „Die Leut' sind mir schon lange egal, aber über das Unrecht, das man mir angetan hat, komm' ich nicht hinweg",

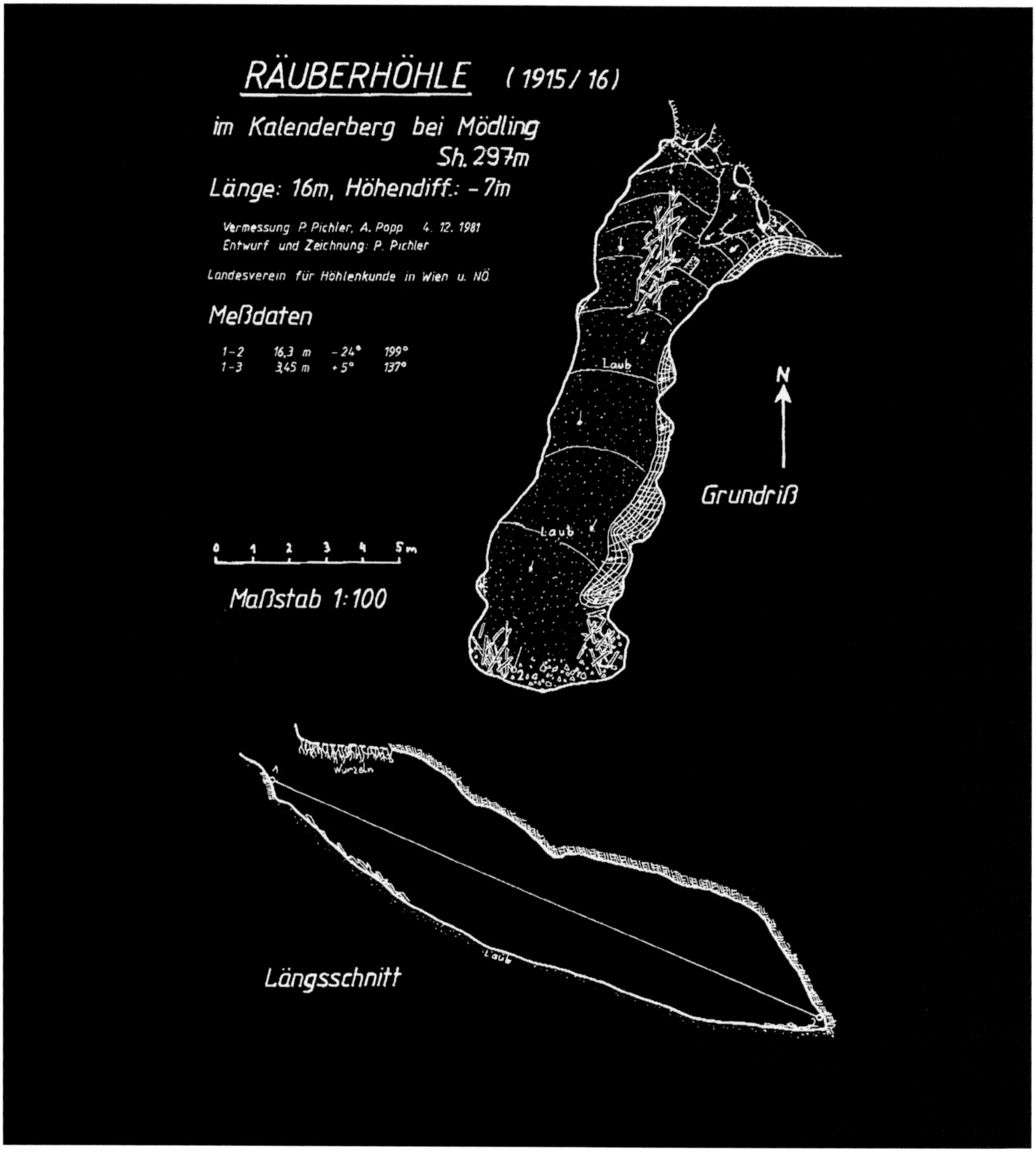

Hier hauste der Grammeltonl: die Räuberhöhle im Kalenderberg. Planmäßige Darstellung von P. Pichler.

murmelte er gedankenverloren. Seine Stimme klang dabei so hilflos wie die eines alleingelassenen Kindes, zitternd und voller Wehmut. Die alte Kräutlerin sah in das wettergegerbte Gesicht des Mannes und empfand dabei ein so unendliches Mitleid mit dem Alleingelassenen, daß sie nur mit großer Mühe die Tränen unterdrücken konnte. Um ihre Gefühle nicht allzu deutlich sichtbar werden zu lassen, hob sie ihren Rucksack vom Waldboden auf, klopfte umständlich das Laub vom Leinen und versuchte mit fester Stimme zu sagen: „Wenn es euch recht ist, werd' ich euch wieder einmal besuchen und bring' dann auch was Anständiges zum Essen mit." Mit diesen Worten streckte sie dem Grammeltonl die Hand hin, drückte seine so, wie man einem die Hand drückt, den man besonders gern hat, und wandte sich dem Heimweg zu.

Diese Begebenheit soll sich zugetragen haben an einem Spätsommertag des Jahres 1929. Die alte Kräutlerin ist später noch oftmals zu der Höhle am Kalenderberg aufgestiegen. Gefunden hat sie den Grammeltonl nicht mehr. Auch die Leute aus den umliegenden Dörfern haben ihn nicht mehr zu Gesicht bekommen, doch die interessierten sich ohnehin nicht für einen, der schon einmal im Gefängnis gesessen hatte. Und sei es auch nur durch die Falschheit und Schuld anderer.

Anton Pisseker blieb seit dieser Zeit verschwunden. 1954 kam die Gegend um den Höhleneingang noch einmal als Schauplatz seltsamer Vorgänge in Verruf. Kinder berichteten, sie hätten einen Lichtstrahl gesehen, der aus dem Höhlenraum kam. Als sie Nachschau hielten, bemerkten sie, daß diese Helligkeit schwach zunahm, je tiefer sie in das Innere vordrangen. Und obwohl sie den Höhlenverlauf genau erkennen konnten, war es ihnen unmöglich festzustellen, woher das Licht kam. Dieses außergewöhnliche Ereignis dauerte genau drei Tage.

Literaturhinweise

M. Baigent/R. Leigh: Der Tempel und die Loge. Bergisch-Gladbach 1989
B. Bannert: Die Flurnamen der Gemeinden Baden und Pfaffstätten (Diss.). Wien 1975
E. K. Blümml u. G. Gugitz: Altwienerisches – Bilder und Gestalten. Wien 1921
R. Bouchal: Höhlenbefahrungsberichte. Mödling 1997
R. Bouchal u. J. Wirth: Niederösterreichische und Wiener Höhlen mit kultischen Bezügen. In: E. Steiner (Red.): Faszination Höhle. Katalog zu einer Sonderausstellung im Nö. Landesmuseum 1994/95. Wien 1994
R. Bouchal u. J. Wirth: Höhlen als Kultstätten. In: Höhlen in Baden und Umgebung. Band 2. Baden 1996
Criminal-Prozeß Zahlheimb. Josephinische causa celebre 1786. Wien 1870
K. Drescher: Waldgebiete bei Baden. o. O. 1985
E. Dümel: Das Helenental und seine Umgebung. Wien o. J.
R. Federmannn u. B. Egger: Raubersg'schichten. Wien 1962
K. Frischler u. P. Zehrer: 120 Jahre Wiener Sicherheitsbüro. Wien 1979
J. Gebhart: Heilige Sagen aus Österreich (Neue Folge von: Die heilige Sage in Österreich). Wien 1856
F. Gräffer: Das Buch des Scharfrichters. Wien 1892
H. Gwinner u. G. Radbruch: Geschichte des Verbrechens - Versuch einer historischen Kriminologie. Stuttgart 1951
M. Hain: Arme Seelen und helfende Tote. In: Rheinisches Jahrbuch f. Volkskunde 1958
F. Halmer: Die Ruine Kammerstein. Ein Heimatbuch. o. O. 1958
F. Halmer: Burgen und Schlösser zwischen Baden-Gutenstein und Wiener Neustadt. Wien 1968
W. Kalchhauser: Geheimnisvoller Wienerwald – Auf den Spuren ur- und frühgeschichtlicher Menschen. Wien: Pichler Verlag 1997
F. Karlinger: Die Begegnung mit der toten Braut im Volkslied. Jahrbuch des österreichischen Volksliederwerkes 1961
Zauberschlaf und Entrückung. Zur Problematik des Motivs der Jenseitsreise in der Volkserzählung. Wien 1986 (= Raabser Märchenreihe)
Fr. Leber: Die Ritterburgen Rauheneck, Rauhenstein und Scharfeneck. Wien 1844
K. Lechner: Handbuch der historischen Stätten Österreichs. Stuttgart 1985
C. Lecouteux: Altgermanische Gespenster und Wiedergänger. Bemerkungen zu einem vernachlässigten Forschungsfeld der Altgermanistik. In: Euphorion 80 (1986)
Ed. Lichnoswsky: Geschichte des Hauses Habsburg. Wien 1841
A. Mailly: Der Tempelherrenorden in Niederösterreich in Geschichte und Sage. Wien 1923
A. Mailly: Niederösterr. Sagen. Leipzig 1926
R. Maurer: Der Schwefelmann. Baden: Verlag Grasl 1997
J. Mayerhofer: Der demolierte Karlstisch. In: Illustriertes Wiener Extrablatt, 19. März 1902
R. Moos: Der Verbrechensbegriff in Österreich im 18. und 19. Jahrhundert. Sinn und Strukturwandel. Bonn 1968
Niederösterreichisches Landesmuseum: Führer durch die Abteilung Strafrechtspflege des 16.–19. Jh.
J. Pfundheller: Die schwarze Bibliothek. Eine Sammlung interessanter Kriminalfälle mit Benützung authentischer Quellen. 5 Bde., Wien 1861–1863
A. Pietschmann: Von Irrlichtern u. Wassergeistern. In: Unsere Heimat 1969
L. Qualtinger: K. u. k. Krimis. Berühmte Kriminalfälle aus dem alten Österreich. Wien 1980
J. Sailer: Die Armen Seelen in der Volkssage. München 1956
A. Schmidl: Wien's Umgebung auf zwanzig Stunden im Umkreise, Wien 1839
H. Seyrl: Kriminalpolizeiliches Museum der Bundespolizeidirektion Wien. 2. Aufl. Wien 1985
M. Stauffer: Der Wald. Zur Darstellung und Deutung der Natur im Mittelalter. Bern 1959
A. Tartaruga: Der Wiener Pitaval. Wien 1838
W. Twerdy: Beiträge zur Geschichte des Wienerwaldes. Budapest 1998

E. Weill: Berühmte Räuber nach authentischen Quellen. Wien 1928
J. Wessetzky: Die schwarze Venus. Wien 1926
G. Wiegelmann: Der lebende Leichnam im Volksbrauch. o. O. 1966
Der Wienerwald in Malerei und Graphik des 19. Jahrhunderts. Ausstellungskatalog des Historischen Museums der Stadt Wien. Wien 1978
M. Wissor: Das Weiße Kreuz. Sagen aus dem Bezirk Mödling. o. O. 1958
B. Zimmel: Kammerstein und Teufelsmühle. Wien 1962
E. Zöllner: Das babenbergische Österreich. Wien 1978

Bild- und Quellennachweis

Archiv für Kunst und Geschichte, Berlin: 18, 24, 34, 37, 48, 110
Sammlung Josef Wirth, Wien: 116, 118, 124
Wiener Kriminalmuseum: 144 (Foto: Robert Bouchal), 146, 148, 149, 150, 151
Historisches Museum der Stadt Wien: 61, 71, 72
Wiener Stadt- und Landesbibliothek: 66
Museum der Stadt Mödling: 12, 16
Städtische Sammlung Baden (Archiv und Rollett-museum): 80, 82, 88, 90, 139
Stadtmuseum Bad Vöslau: 94
Aspern-1809-Museum, Wien: 109
Österr. Nationalbibliothek (Anton Ziegler, Vaterländische Immortellen, 1838): 19, 106
Steiermärkisches Landesmuseum Joanneum: 68/69
Marktgemeinde Perchtoldsdorf: 67 (Foto: Walter Paminger)
Pfarrhof Josefsberg: 130
Sammlung Burg Greifenstein: 32/33 (Foto: Robert Bouchal)
Moriz Bermann, Geschichte der Wiener Stadt und Vorstädte. Wien o. J.: 35
Heinz Gerstinger, Wien: 36
Illustrierte Zeitung, Leipzig 1847: 129 (entnommen: Friedrich Richter, Der Holzknecht in Niederösterreich. Wien: Verlag Niederösterreichisches Heimatwerk 1984)
Sammlung Bouchal: 20
Sammlung Wolfgang Kalchhauser: 23, 108, 132, 135, 158
Die Zeichnung auf Seite 140 stammt von Lukas Kalchhauser.
Alle anderen Bilder sind Originalaufnahmen von Robert Bouchal.

Die Sage „Der Vogel Udl“ wurde dem Band „Sagen, Märchen, Schwänke und Geschichten aus Mödling und Umgebung“ von Karlheinz Pilcz (Wien 1986) entnommen; „Das Blutkreuz am Urteilstein“ dem Band „Niederösterreichischer Sagenschatz“ von Carl Calliano (Wien 1924) und „Düstere Zeiten“ dem Band „Der Schwefelmann. Das Badener Sagenbuch“ von Rudolf Maurer (Baden: Verlag Grasl 1997). Verlag und Autoren bedanken sich für die freundlichen Abdruckgenehmigungen bei Karlheinz Pilcz, Mödling, dem Rollettmuseum Baden und beim Verlag Grasl, Baden.

Danksagung

Wer aus dem großen Reich der Mythen und Legenden, der Erzählungen und Sagen berichtet, steht tief in der geistigen Schuld derjeniger, die die Zeugnisse der Vergangenheit zusammengetragen und für die Nachwelt erhalten haben. Für mich als Autor und „Plagiator" dieser faszinierenden Überlieferung war es außerordentlich verlockend, das Gehörte und Gelesene nicht nur nüchtern „positivistisch" zu sehen. Aber nicht nur allen Vorgängern gilt es zu danken – zu Dank verpflichtet für vielfältige Unterstützung sind wir vielen, sowohl in Bezug auf die einzelnen inhaltlichen Beiträge als auch im Hinblick auf das Gesamtprojekt.

Anführen möchte ich dabei vor allem meinen langjährigen Freund Prof. Mag. Otto Fritz. Seine Arbeitseinstellung und seine Freude an der Arbeit können nur der Kraft höherer Macht entspringen. Bedanken möchte ich mich ebenso bei Susanne Bouchal, der Gattin meines Ko-Autors Robert Bouchal, und bei Frau Ludmilla Thür für ihre Mitarbeit bei den zeitaufwendigen Außenaufnahmen. Bei Josef und Regina Wirth bedanken wir uns für die Zurverfügungstellung von Ansichtskarten aus ihrer Sammlung und für so manche Assistenzleistungen bei den Fotoarbeiten. Wir bedanken uns bei Herrn Direktor Josef Koller aus Ollern, bei den beiden Informatiktechniker Josef Zach und Christian Zeilinger für Rat und Tat während der Maschinenkonfiguration und bei dem Regionalhistoriker Edmund Fellbacher für seine unermüdliche Suche in Privatarchiven und Sammlungen. Herrn Dr. Rudolf Maurer, dem Leiter der städtischen Sammlung Badens (Rollettmuseum), sowie Herrn Mag. Harald Seyrl vom Wiener Kriminalmuseum gilt der Dank für die Erlaubnis, Einblicke in die von ihnen verwalteten Archive zu nehmen. Unser Dank gebührt auch dem Revierjäger Herrn Johann Grundböck, der uns bei der Suche nach den Originalschauplätzen eine unschätzbare Hilfe war. In diesem Zusammenhang darf nicht unerwähnt bleiben, daß uns die dazu benötigten Katasterunterlagen vom Landesverein für Höhlenkunde von Wien und Niederösterreich in liebenswürdiger Weise zur Verfügung gestellt wurden. Als für den Text verantwortlicher Autor möchte ich mich zu guter Letzt wieder einmal bei meiner Frau Berta sowie bei meinen Kindern Katharina und Lukas für die entstandene Unruhe und Hektik der letzten Monate entschuldigen. Für ihre Geduld und ihr Verständnis möchte ich mich an dieser Stelle von ganzem Herzen bedanken.

Damit das von uns Zusammengetragene, Geschriebene und Fotografierte aber auch Ihnen, liebe Leserinnen und Leser, in gebührender Weise nähergebracht werden konnte, gebührt unser gemeinsamer Dank dem Team des Pichler Verlags. Ohne ihm würden sich die beschriebenen und fotografierten Blätter über unsere Entdeckungen im Reich der Mythen wieder in alle Windrichtungen verteilen, so wie es Sagen und Legenden über Jahrhunderte getan haben.

Wolfgang Kalchhauser
Pressbaum, im November 1999